O abuso espiritual é uma das maiores máculas na noiva de Cristo hoje. Poucos dos que estão nos púlpitos e nas plataformas estão dispostos a reconhecer as verdades básicas que Michael Kruger aborda de maneira clara, convincente e bíblica. Eu pensava que *Abuso espiritual* seria um livro que todo pastor e líder cristão deveria ler. Contudo, mudei de ideia: todo cristão, do púlpito aos bancos, precisa ler esta obra sábia e atemporal, pelo bem da igreja e de seu povo.

Karen Swallow Prior,
professora-pesquisadora de inglês e de cristianismo
e cultura no Southeastern Baptist Theological
Seminary, autora de *On Reading Well*

Quem poderia imaginar que chegaríamos a um ponto na vida da igreja em que precisaríamos de um livro como este? Ainda assim, tivemos a infelicidade de chegar a esse ponto. *Abuso espiritual* é, ao mesmo tempo, urgente e atemporal, pois a presença de líderes dominantes e abusivos na igreja continua a aparecer em manchetes. Este livro não é somente para pastores e líderes, mas deve ser lido por todos os cristãos que se importam com a vida e a saúde do corpo de Cristo. Desse modo, eu o recomendo fortemente.

Sam Storms,
pastor titular da Bridgeway Church e autor
de *Entendendo os dons espirituais*

Com coragem profética e compaixão pastoral, Mike Kruger escreveu um livro importante sobre um assunto difícil. Ninguém gosta de pensar ou falar sobre abuso espiritual, principalmente na igreja, mas, se negligenciarmos e ignorarmos esse problema real em vez de encontrarmos as formas certas de confrontá-lo, ai de nós!

Portanto, se você é um líder que deseja pastorear o precioso rebanho de Deus segundo o paradigma, o padrão e a conduta do Bom Pastor, Jesus Cristo, pegue este livro de leitura obrigatória, atente para o que ele diz e aprenda.

Julius J. Kim,
ph.D., presidente da organização The Gospel Coalition

O apóstolo Paulo nos diz que o supervisor do povo de Deus não deve ser violento, mas gentil (1Timóteo 3:3). Todavia, muitas vezes negligenciamos problemas expressivos de caráter ou ações que deveriam desqualificar o indivíduo para o ministério em razão de como Deus parece usá-lo ou conduzir o crescimento de sua igreja. *Abuso espiritual* apresenta reflexões sábias e coerentes sobre a realidade de pastores que rejeitam a visão de Cristo com relação à liderança e deixam um rastro de destruição espiritual como consequência de seu pecado. Espero que este importante livro leve o povo de Deus a uma séria discussão.

Trevin Wax,
vice-presidente de pesquisas e desenvolvimento de recursos do North American Mission Board e professor convidado na Universidade Cedarville, autor de *A emoção da ortodoxia*

Versado e sábio, urgente e atemporal, bíblico e cheio de esperança, este livro trata de um tópico sensível com grande habilidade e cuidado. Não consigo pensar em um livro melhor a esse respeito, e espero que seja amplamente lido.

Sam Allberry,
pastor e autor de *Why Bother with Church?*

Este livro não é uma reação, mas uma resposta. As reações ao abuso espiritual são compreensivelmente impetuosas, porém quase nunca acompanhadas de reflexão construtiva. O dr. Kruger responde tanto com ímpeto quanto com reflexão construtiva sobre como as dinâmicas de liderança em alguns casos negam o caráter de nosso Senhor Jesus e como construir novas dinâmicas fará que esse caráter seja exibido de forma vibrante.

Jeremy Pierre,
professor de aconselhamento bíblico no Southern Baptist Theological Seminary e autor de *When Home Hurts*

O tema do abuso espiritual requer atenção cautelosa e reflexão sóbria, de modo que sou grato por este livro cuidadoso, sábio e bíblico. O dr. Kruger traz clareza a um assunto controverso enquanto alerta corajosamente os líderes ministeriais a respeito do tipo de liderança que não reflete o coração de Cristo. Qualquer um que atenda às necessidades espirituais das pessoas tem de ler este livro atemporal.

Mark Vroegop,
pastor titular da igreja College Park e autor de *Dark Clouds, Deep Mercy*

Esperei muito por um livro como este para que pudesse usar nos meus cursos no seminário sobre abuso. Michael trouxe clareza e sabedoria necessárias à devastadora realidade de abuso espiritual. A perspectiva do autor como estudioso da Bíblia e presidente de seminário é inestimável. Ele coloca líderes da igreja face a face com a destruição causada por abusadores. Kruger o faz para nos ajudar a levar o abuso espiritual a sério, para nutrir a motivação para a verdadeira mudança e para nos encher de compaixão por aqueles que sofrem com "líderes" abusivos.

Justin S. Holcomb,
bispo episcopal, professor de seminário e
coautor de *Deus fez tudo em mim*

Embora expor abuso espiritual tenha se tornado comum no cristianismo americano, poucos oferecem soluções construtivas ou sabedoria prática. Neste livro, Michael Kruger diagnostica a questão do abuso espiritual, qualifica o que ele é (e o que não é) e prepara os líderes para prevenir o abuso, bem como responder de maneira adequada caso aconteça. Espero que todos os pastores leiam este livro e que ele os leve a representar nosso Senhor, que usou seu poder para servir.

Jeremy Treat,
pastor na Igreja Reality LA e autor de *Seek First*

Michael escreveu um livro corajoso para um tempo como este. Oro para que ele seja um profeta aceito e bem recebido no próprio país, em especial dentro de uma comunidade reformada e presbiteriana que não está imune a essa praga que se difundiu na igreja.

Rev. Chuck DeGroat,
ph.D., professor de cuidado pastoral e espiritualidade
cristã no Western Theological Seminary

ABUSO ESPIRITUAL

MICHAEL J. KRUGER

ABUSO ESPIRITUAL

Confrontando o problema de líderes abusivos na igreja

THOMAS NELSON
BRASIL®

Título original: *Bully Pulpit: Confronting the Problem of Spiritual Abuse in the Church*

As citações bíblicas são da *Nova Versão Internacional* (NVI), da Biblica Inc., salvo indicação contrária.

Produção editorial	Gisele Romão da Cruz
Tradução	Emanuelle Malecka
Copidesque	Josemar de Souza Pinto
Revisão	Elaine Freddi
Design de capa	Gabê Almeida
Projeto gráfico e diagramação	Luciana Di Iorio

Catalogação na publicação (CIP)
(BENITEZ Catalogação Ass. Editorial, MS, Brasil)

K94a Kruger, Michael J.
1.ed. Abuso espiritual: confrontando o problema de líderes abusivos na igreja/ Michael J. Kruger; tradução Emanuelle Malecka. – 1.ed. – Rio de Janeiro: Thomas Nelson Brasil, 2025.
208 p.; 13,5 x 20,8 cm.

Título original: Bully pulpit.
ISBN 978-65-5217-315-7

1. Abuso – Aspectos psicológicos. 2. Cristianismo – Psicologia. 3. Liderança cristã. I. Malecka, Emanuelle. II. Título.

02-2025/17 CDD 253.2

Índice para catálogo sistemático:
1. Liderança cristã: Cristianismo 253.2
Bibliotecária responsável: Aline Graziele Benitez – CRB-1/3129

Rua da Quitanda, 86, sala 601A - Centro,
Rio de Janeiro/RJ - CEP 20091-005
Tel.: (21) 3175-1030
www.thomasnelson.com.br

SUMÁRIO

AGRADECIMENTOS

Nem é preciso dizer que este volume envolveu outras pessoas além de mim. Portanto, é necessário agradecer a algumas pessoas. Primeiro, quero expressar gratidão a Kyle Rohane, Jesse Hillman, Kim Tanner e a toda a equipe da Zondervan. Eles demonstraram forte interesse nesta obra desde o início, e foi um prazer trabalhar com eles. Muitos amigos leram porções deste livro e ofereceram um feedback valioso, pelo qual sou grato. Meu professor auxiliar, Josh Duemler, merece uma palavra de agradecimento especial por sua pesquisa diligente e habilidade de encontrar fontes. Como em qualquer outro livro que escrevi, minha esposa, Melissa, tem sido um apoio tremendo. Seu senso literário aguçado e sua sabedoria teológica foram uma bênção incalculável, e suas orações regulares e encorajamento me levaram adiante durante um projeto tão exaustivo. O livro não existiria sem ela. Acima de tudo, quero expressar minha profunda gratidão a todas as vítimas de abuso espiritual que compartilharam sua história comigo. A coragem delas é uma inspiração. Dedico este livro a elas, na esperança de que haja menos casos como esses no futuro porque essas pessoas se dispuseram a falar.

INTRODUÇÃO

Jamais imaginei escrever um livro sobre liderança cristã. E com certeza nunca pensei que escreveria este livro; afinal, meus projetos de escrita anteriores estavam muito mais voltados para o lado acadêmico do espectro — em especial o cristianismo primitivo e as origens do Novo Testamento — do que para aspectos práticos do ministério cristão. Além disso, não parece existir uma lacuna no mercado quando se trata de livros sobre liderança cristã. Pode-se dizer que cristãos gostam de escrever (e falar) sobre liderança um bocado. Eu não via necessidade de adicionar outro ponto de vista a esse conjunto.

Além do que, se eu fosse escrever um livro sobre liderança, não imaginaria que seria sobre líderes *ruins*. As pessoas, dentre as quais me incluo, preferem ler a respeito de bons líderes; elas preferem ter um pensamento positivo sobre o que líderes podem e devem ser. Ninguém gosta de um portador de más notícias. Até Gandalf foi criticado por ser um "Cinzento".

Contudo, às vezes Deus nos conduz por caminhos que jamais imaginávamos seguir. E, às vezes, não fazemos as coisas porque queremos, mas porque elas precisam ser feitas. Esse é o caso deste livro. Acredito que Deus poderia levar muitas outras pessoas além de mim a escreverem sobre isso. No entanto, uma série de fatores colocou o problema do abuso espiritual no meu caminho. É um tópico que eu preferia evitar (e, acredite, eu tentei). Agora, porém, sei que tenho sido chamado a enfrentar essa questão.

Depois de ter passado quase toda a minha carreira ministerial treinando futuros líderes da igreja — mais de vinte anos como professor de seminário e uma década como presidente de seminário —, estou mais incomodado do que nunca com a trajetória em que estamos. Não são apenas as famosas falhas de liderança nacionais que me preocupam, embora sejam alarmantes.[1] São também os casos crescentes de lideranças abusivas que vi nos meus próprios círculos, alguns dos quais são dolorosamente perturbadores e profundamente tristes. Vi o horror do abuso espiritual de maneiras que jamais poderei me esquecer. E, porque amo a igreja, a noiva de Cristo, estou determinado a fazer algo a respeito disso.

Deixe-me expor o problema de modo simples. Alguns dos líderes que temos produzido — e, se formos sinceros, alguns dos líderes que temos *desejado* — têm características ausentes ou completamente contrárias à lista de características da liderança apresentada nas Escrituras. Toleramos e até celebramos os tipos de líderes a respeito dos quais Jesus nos alertou: "Vocês sabem que os que são considerados líderes neste mundo *têm poder sobre* o povo [...]. Entre vocês, porém, será diferente [...]" (Marcos 10:42-43, grifo na citação, NVT). Esses líderes incorporam a essência do

---

1 O excelente *podcast* de Mike Cosper publicado pelo Christianity Today, *The Rise and Fall of Mars Hill*, destaca esses casos de maneiras novas. No entanto, as minhas preocupações e a escrita deste livro começaram anos antes da publicação dos episódios.

abuso espiritual: são dominantes, autoritários e opressivos na forma como lideram aqueles sob seu cuidado.

Na realidade, Jesus dedicou uma quantidade considerável de tempo para alertar o povo de Deus contra os maus líderes. Seria bom se a igreja moderna se lembrasse disso.

A igreja pode ser como a nação de Israel, pois às vezes não queremos um rei com as qualidades que Deus deseja, mas preferimos um rei "à semelhança das outras nações" (cf. 1Samuel 8:5). Queremos líderes poderosos, decididos, inspiradores, ativos e que fazem acontecer. Embora Deus nos alerte de que esses líderes podem nos governar com dureza — ele alertou os israelitas de que seriam "servos" do rei (1Samuel 8:17) —, insistimos em que sabemos o que é melhor. Preferimos um líder que derrote nossos inimigos a um que cuidará das ovelhas com ternura.

Não é tão diferente da pessoa que decide comprar um pitbul como animal doméstico. Pode ser legal ter um cachorro durão, e ele pode protegê-lo de ladrões. No entanto, pode ser que um dia ataque um membro da sua própria família.

A tentação, é claro, é de pensar que esse problema está sempre em *outras* igrejas ou denominações. Costumamos pensar que nossa porção do evangelicalismo está no caminho certo e tem a teologia adequada para impedir que o abuso espiritual aconteça. São *eles* que têm pastores abusivos, não nós.

Todavia, percebi que esse não é o caso. Nem mesmo as tribos denominacionais que talvez consideremos mais sólidas do ponto de vista teológico e mais fiéis com relação à doutrina estão imunes a esse problema. Pelo contrário, às vezes são esses grupos que estão mais vulneráveis, pois tendem a presumir desde o início que a pureza da doutrina de seu pastor deve garantir, de alguma forma, a pureza de caráter dele. Talvez um pouco mais de humildade com relação ao primeiro aspecto poderia ter levado a um pouco mais de autorreflexão com relação ao último.

Com certeza, outros perceberam o problema do abuso pastoral, e alguns já escreveram obras úteis a respeito disso. (Faço referências a algumas no decorrer deste livro.) Então, por que outro livro? Minha esperança é que meu papel como especialista bíblico e presidente de seminário me permita oferecer uma perspectiva única e talvez uma voz para que esse assunto ganhe a atenção daqueles que, do contrário, não ouviriam a respeito.

Afinal, os pastores aprenderam a abstrair a maioria das críticas de sua profissão, e com razão. O ofício perdeu a dignidade em nossa cultura moderna, sem o respeito e a apreciação que outrora recebia e merece ter. Todos os dias, pastores são bombardeados com críticas injustas e, apesar disso, corajosamente seguem adiante em meio a todas elas. É parte do trabalho.

Isso não significa, porém, que todas as críticas são injustas. Às vezes, é necessário que uma voz das fileiras as aponte. Pastores podem ser mais dispostos a ouvir alguém que pertence a seu círculo, entende suas lutas e compartilha de suas convicções teológicas e práticas.

Portanto, uma característica distinta deste livro é que estou escrevendo *como um líder da igreja para outros líderes da igreja*. Líderes cristãos são a audiência principal porque são aqueles que podem prevenir o abuso espiritual. Eles podem parar os pastores abusivos. É claro, também precisamos de livros escritos para as vítimas de abuso com relação a como podem lidar com isso, curar-se e perdoar. O lado positivo é que muitos já existem.[2] Não escrevo

2 Veja Wade Mullen, *Something's Not Right: Decoding the Hidden Tactics of Abuse and Freeing Yourself from Its Power* (Carol Stream, IL: Tyndale, 2020);

tanto para ajudar as vítimas (embora espero que possam se beneficiar com este livro), mas para ajudar líderes a identificarem e pararem o abuso espiritual. Se os líderes cristãos puderem ser ensinados a estar em alerta com esse assunto — infelizmente, de maneira geral, não está no radar deles —, o progresso será possível.

É importante ressaltar que a vasta maioria de líderes cristãos e pastores corresponde a pessoas maravilhosas. Não são opressores abusivos, mas pastores sacrificiais, bondosos e gentis. Passo muito tempo com pastores (e futuros pastores) no contexto de seminário. Estou com eles todos os dias. Amo pastores. Eu mesmo sou um pastor.

Às vezes, igrejas maltratam seus pastores, não o contrário. Ser pastor é brutalmente difícil. (Já passei por isso.) Muitas vezes, são ignorados, mal pagos e desvalorizados. E acredito que outros livros poderiam (e deveriam) ser escritos sobre como igrejas depreciam, atacam ou caluniam os próprios pastores.

Ainda assim, o fato permanece: alguns pastores são abusivos.

Infelizmente, algumas igrejas não estão dispostas a encarar essa realidade. Apesar do aumento de igrejas destruídas por líderes autoritários — sem mencionar o carrossel de escândalos de abuso apenas na última década —, algumas igrejas e pastores ainda adotam uma conduta defensiva. Em vez de uma resposta de autorreflexão humilde, desenvolvem um espírito de autojustificação para minimizar a preocupação com o abuso: talvez esses membros estejam ressentidos porque alguém confrontou seu pecado, ou

---

Lisa Oakley e Kathryn Kinmond, Breaking the *Silence on Spiritual Abuse* (Nova York: Palgrave Macmillan, 2013), p. 89-119. Um artigo muito útil sobre abuso, perdão e expiação substitutiva é: Jacob e Rachael Denhollander, "Justice: The Foundation of a Christian Approach to Abuse", *Fathom*, 19 de novembro de 2018, https://www.fathommag.com/stories/justice-the-foundation-of-a-christian-approach-to-abuse.

tenham uma personalidade sensível demais, ou sejam os produtos da nossa cultura "mimizenta", ofendida com facilidade por qualquer expressão de autoridade, e assim por diante.

Aqui está a questão: algumas igrejas parecem se angustiar com a ideia de haver um membro resistindo à autoridade, mas parecem se preocupar muito menos com a ideia de haver líderes que abusam dessa autoridade. Na visão deles, se existe um problema com a autoridade da igreja, quase sempre é por falta dela, não por excesso.

É claro, ambos os erros — abdicação de autoridade e abuso de autoridade — podem ser um problema. Mas algumas porções da igreja parecem muito mais preocupadas com um do que com o outro. Essa inclinação é surpreendente por muitos motivos. Um dos mais importantes é que o próprio Jesus investiu muito tempo para confrontar a má utilização da autoridade religiosa. (Releia Mateus 23.) Ele não via perigo, no entanto, no outro lado da equação.

De algumas maneiras, a questão de líderes abusivos não é tão diferente da questão de policiais abusivos. Enquanto muitos policiais são honráveis, gentis e corajosos, alguns de fato usam força excessiva. E a realidade de uma coisa não pode ser desculpa para ignorar a outra. Contudo, infelizmente, para proteger a "dignidade da profissão", o abuso muitas vezes é minimizado e ignorado, às vezes até por outros policiais. A ironia, porém, é que esse desejo de proteger o ofício pode acabar prejudicando-o. A dignidade da profissão seria mais bem protegida se mais policiais bons tivessem coragem de enfrentar os abusivos.

Em 2020, os Estados Unidos aprenderam essa lição de um jeito difícil. Espalhada pela nação e pelo mundo estava a trágica imagem de um policial, Derek Chauvin, com seu joelho no pescoço de George Floyd enquanto este implorava por ajuda e dizia que não conseguia respirar. Apesar dos gritos e das súplicas da multidão, o policial manteve seu joelho onde estava. George Floyd ficou inconsciente e, por fim, foi a óbito.

Essa imagem, por mais horrível que fosse, demonstrava, para a satisfação do júri e da maioria do público, que policiais às vezes abusam de sua autoridade. Alguns usam força excessiva. Reconhecer essa realidade não significa se opor à polícia. Não, você pode acreditar que a maioria dos policiais é honrável, gentil e corajosa e, ao mesmo tempo, acreditar que uma minoria não é. As duas posições não são mutuamente excludentes.

No entanto, os fatores adicionais tornam a tragédia de George Floyd ainda mais perturbadora. Primeiro, Chauvin aparentemente tinha um histórico de comportamento abusivo para com aqueles sob sua custódia: foram feitas 22 acusações formais ao longo de seus dezenove anos na força, e ele foi disciplinado em somente uma instância.[3] Além disso, os policiais que estavam lá não fizeram nada para deter Chauvin, ainda que George Floyd implorasse pela vida. Pelo contrário, protegeram o colega da multidão e permitiram que ele continuasse seu comportamento abusivo.

Em vez de proteger George Floyd, esses policiais protegeram seu colega de profissão.

Infelizmente, os mesmos padrões de abuso no caso de George Floyd às vezes são encontrados na igreja. Embora a maioria dos pastores seja gentil, bondosa e paciente, outros ficam com o joelho metafórico no pescoço de suas ovelhas. Eles têm feito

---

3 Jamiles Larty e Abbie VanSickle, "'Don't Kill Me': Others Tell of Abuse by Officer Who Knelt on George Floyd", *New York Times*, 2 de fevereiro de 2021, https://www.nytimes.com/2021/02/02/us/derek-chauvin-george-floyd-past-cases.html.

isso por anos, com pouca ou nenhuma consequência. E, apesar das súplicas do povo, outros pastores e presbíteros ficam parados e deixam acontecer. Talvez até defendam o pastor opressivo. Assim, o problema não é somente o abuso, como também o contexto mais amplo que permite que ele continue.

Portanto, algo precisa mudar. Em nome da paz e pureza na igreja, e em nome das ovelhas a que somos chamados a proteger, temos de pensar com mais cuidado a respeito do tipo de líderes que temos produzido.

Este volume é um pequeno passo nessa direção. Não penso (e o leitor também não deveria) que este livro possa abordar plenamente a questão do abuso espiritual. Há muito mais a ser dito do que o que escrevi aqui. No entanto, espero que ele possa ser uma ferramenta útil na mão de pastores, presbíteros, líderes ministeriais e até os leigos da igreja.

Antes de iniciarmos, alguns esclarecimentos e qualificações são necessários.

- Porque escrevo principalmente para abordar o abuso espiritual na igreja, refiro-me com frequência a "pastores" e "presbíteros" abusivos ou aos órgãos eclesiásticos mais amplos que cercam esses pastores. Isso não sugere, porém, que o abuso espiritual se dá somente em uma igreja formal. Organizações cristãs estão vulneráveis a esses problemas (como no caso de Ravi Zacharias). Então, o leitor pode substituir "pastor" por "líder" ou "presbíteros" por "conselho administrativo" e ver que muitos dos mesmos princípios se aplicam.
- No que diz respeito a conselhos administrativos e órgãos eclesiásticos, também reconheço que existem variadas

formas de governo na igreja, de congregacional para presbiteriano, para episcopal. Infelizmente, não posso mencionar todas as especificidades desses sistemas. Por isso, em prol da simplicidade, uso a terminologia ampla "conselho administrativo" para designar qualquer órgão eclesiástico com a responsabilidade de supervisionar o líder da igreja. Também entendo que o líder da igreja é chamado de títulos diferentes em contextos distintos: ministro, pastor, sacerdote, pároco, bispo e mais. Escolhi usar o termo genérico "pastor", mas estou ciente dessas diferenças.

- No decorrer deste volume, costumo me referir a um líder abusivo como "ele". Isso se dá pela simplicidade gramatical, não para sugerir que mulheres não possam ser espiritualmente abusivas. Reconheço que há mulheres em papéis de liderança em algumas igrejas e organizações cristãs e que elas também podem cair nesses padrões comportamentais. Contudo, porque a maioria esmagadora de líderes abusivos em meios cristãos é masculina, mantive o pronome masculino.
- Visto que este volume trata daqueles que foram abusados espiritualmente, com frequência me refiro a essas pessoas como "vítimas". Sem dúvida, o termo ocasionará algumas reações negativas, e quero explicar duas delas aqui. Primeiro, alguns entenderão o uso do termo como evidência de que este livro defende uma "mentalidade vitimista" entre os que sofreram injustiça, uma mentalidade que, como muitos presumem, significa que uma pessoa está livre para construir sua identidade em torno de coisas ruins que aconteceram com ela, culpando essas

injustiças por todos os problemas em sua vida. Contudo, rejeito essa noção por completo. Cristãos são chamados a construir sua identidade em torno de Cristo, não das injustiças sofridas. Ao mesmo tempo, não existe nada inapropriado ou antibíblico no uso do termo para descrever alguém que vivenciou sérios maus-tratos. A Bíblia reconhece que essas injustiças podem acontecer às pessoas e que Deus se importa com elas (Eclesiastes 4:1; Salmos 9:9). Um indivíduo pode ser uma vítima sem ser *somente* uma vítima.

- Segundo, alguns entenderão o uso do termo "vítima" como intrinsecamente prejudicial contra o pastor acusado. O uso do termo presume que a vítima é de fato uma vítima, e não temos como saber isso. Essa objeção, porém, ignora o ponto do livro. Não estou escrevendo um livro sobre processos judiciais, isto é, os passos detalhados de como conduzir um julgamento ou investigação eclesiásticos. Escrevo um livro sobre como alguns pastores abusam de suas ovelhas. E, sempre que se fala sobre pastores que abusam de suas ovelhas, é apropriado usar o termo "vítimas" para descrever essas ovelhas. Em casos particulares, os pastores devem ser considerados inocentes até que se prove o contrário. Entretanto, este livro não tem como objetivo provar um caso particular, e sim documentar uma tendência na igreja e chamá-la a tomar medidas para impedir essa tendência.

Com essas qualificações em mente, estamos prontos para nos aprofundar na questão do abuso espiritual. Os capítulos seguintes buscam alcançar o objetivo descrito anteriormente: ajudar igrejas ou ministérios cristãos a identificar e parar os líderes que cometem abuso espiritual. Assim, exploraremos uma variedade de tópicos diagnósticos: Como explicamos a aparente ascensão do pastor abusivo (capítulo 1)? O que é abuso espiritual (capítulo 2)? O que a Bíblia diz sobre a liderança abusiva (capítulo 3)? O que faz que uma igreja ignore a liderança abusiva (capítulo 4)? Quais táticas de retaliação os líderes abusivos usam para manter suas posições (capítulo 5)?

Este livro, porém, é mais do que diagnóstico. Meu objetivo é também ajudar os líderes a compreenderem o grave dano causado pelo abuso espiritual na vida daqueles que sofreram com ele. Para levar o abuso espiritual a sério, temos de ficar cara a cara com as vidas destruídas por líderes abusivos (capítulo 6). Minha oração é que os líderes absorvam essas histórias para serem cheios de compaixão e motivação para realizar mudança verdadeira.

A motivação para mudança é então canalizada no sétimo e último capítulo. Nele descrevo alguns passos práticos e estruturais de como igrejas podem tanto prevenir o abuso espiritual como lidar da maneira correta quando este ocorre.

Portanto, comecemos. Ao fazê-lo, podemos nos encorajar pelo fato de que Deus se importa ainda mais com os oprimidos do que nós:

> “Mas o Senhor reina para sempre;
> estabeleceu o seu trono para julgar. [...]
> O Senhor é refúgio para os oprimidos,
> sim, um refúgio em tempos de angústia.
> Os que conhecem o teu nome confiam em ti,
> pois tu, Senhor, jamais abandonas os que te buscam
> (Salmos 9:7-10).

UM

OS PRIMEIROS SERÃO OS PRIMEIROS

A questão do pastor abusivo

De todos os homens maus, os maus e religiosos são os piores.

— C. S. LEWIS

Scut Farkus.

No que diz respeito a valentões do cinema, ele é um dos piores. No clássico *Uma história de Natal*, o ruivo Scut — com seu chapéu de pele de guaxinim e acompanhado por seu parceiro no crime, Grover Dill — atormenta o pequeno Ralphie e seu irmão no caminho da escola para casa. O público não consegue decidir se sente diversão ou agonia quando Scut torce o braço das crianças até elas gritarem (e o garoto não para nem assim).

Essa cena cômica se provou uma das mais icônicas do filme. Em um filme com muita nostalgia, afinal se passa na década de 1940, é curioso que um dos momentos mais memoráveis seja a cena de uma criança batendo em outra. E o motivo para isso não é difícil de imaginar. A maioria conheceu um valentão do bairro na infância, alguém que intimidava, ameaçava e dominava as outras crianças. Assistir a essa cena é ser transportado de volta à infância.

Na verdade, os valentões são parte da experiência humana. Qualquer um consegue fazer uma lista dos piores valentões do cinema: Biff Tannen (*De volta para o futuro*), Johnny Lawrence (*Karatê kid*), Ace Merril (*Conta comigo*) e Draco Malfoy (*Harry Potter*).

É claro, os valentões não desaparecem quando você se forma no ensino médio. Eles continuam por aí, embora talvez de maneiras mais sutis. E, pior ainda, eles estão até na igreja, o lugar onde as pessoas deveriam estar mais seguras.

Contudo, há uma grande diferença. Os valentões da igreja não costumam parecer valentões. Não são os vilões com características de desenho animado que encontramos nos filmes: fáceis de identificar, vestidos de preto, enrolando o bigode enquanto planejam diabolicamente o fim do herói. Pelo contrário, os valentões da igreja muitas vezes parecem (pelo menos a princípio) heróis. Eles parecem os mocinhos até descobrirmos que são os vilões.

Imagine por um momento. E se, no fim de *Harry Potter*, você descobrisse que o indivíduo abusivo não era Draco Malfoy, mas Alvo Dumbledore? E se o líder abusivo não fosse Biff Tannen, e sim o Doutor Brown? Isso é o que torna o abuso espiritual perturbador e difícil de identificar, pois acontece nas mãos daqueles que estão encarregados do cuidado e proteção do rebanho.

A QUESTÃO DO PASTOR ABUSIVO

Em 2019, Sam Allberry lamentou: "Uma triste tendência se desenvolveu nos últimos anos: pastores que deixaram o ministério por causa de comportamentos agressivos."[1] Pouco tempo depois, Collin Hansen, editor da organização The Gospel Coalition, expressou as mesmas preocupações de Allberry: "Este [problema de pastores abusivos] é o próximo assunto urgente que nossas igrejas devem enfrentar. Por muito tempo toleramos esse tipo de liderança que deveria simplesmente desqualificar pastores segundo diversas exigências de Tito 1:7-8."[2]

Mesmo uma consciência limitada do evangelicalismo no decorrer das últimas décadas sugere que essas preocupações de Allberry e Hansen não são infundadas. Em 2014, Mark Driscoll, pastor da igreja Mars Hill em Seattle, pediu demissão depois que 21 pastores o acusaram de "conduta abusiva e intimidadora", que incluía linguagem rude, menosprezo aos funcionários e violência verbal contra qualquer um que discordasse dele.[3] O *Seattle Times* reportou que Driscoll teve comportamento "violento e abusivo" e liderava de "maneira dominadora".[4] O pastor Jim Henderson, um crítico de Driscoll, descreveu o triste impacto de seu ministério:

---

1 Sam Allberry, "How Do Churches End Up with Domineering Bullies for Pastors?", *The Gospel Coalition*, 21 de janeiro de 2019, https://www.thegospelcoalition.org/article/domineering-bullies-pastors/.

2 Collin Hansen, "Editor's Choice: The Best of 2019", *The Gospel Coalition*, 16 de dezembro de 2019, https://www.thegospelcoalition.org/article/editors-choice-the-best-of-2019/.

3 Sarah Pulliam Bailey, "Mark Driscoll Charged with Abusive Behavior by 21 Former Mars Hill Pastors", *Religion News Service*, 22 de agosto de 2014, https://religionnews.com/2014/08/22/mark-driscoll-charged-allegations-21-former-mars-hill-pastors/. Depois que comecei a escrever este livro, uma análise mais atualizada da liderança de Mars Hill e de Driscoll foi publicada por Mike Cosper, *The Rise and Fall of Mars Hill*, *podcast* para *Christianity Today*, https://www.christianitytoday.com/ct/podcasts/rise-and-fall-of-mars-hill/.

4 Janet I. Tu, "Mars Hill Church Reeling as Pastor Mark Driscoll Quits", *Seattle Times*, 16 de outubro de 2014, https://www.seattletimes.com/seattle-news/mars-hill-church-reeling-as-pastor-mark-driscoll-quits/.

"Driscoll está popularizando e legitimando o assédio espiritual para jovens e está infectando milhares de rapazes."[5]

Em 2018, a revista *World* relatou a demissão de diversos presbíteros da igreja de James MacDonald, Harvest Bible Chapel.[6] A carta de demissão dos presbíteros acusava MacDonald de "opressão, assédio, [...] discurso abusivo, [...] acessos de raiva".[7] Além disso, os presbíteros afirmaram que a igreja tinha uma "cultura de medo e intimidação" e "deixou um rastro de relacionamentos rompidos".[8] Os presbíteros remanescentes, porém, partiram em defesa de MacDonald contra as acusações. Eles argumentaram que as pessoas que deixaram a igreja eram o real problema e as acusaram de comportamento pecaminoso que provoca dissensões.[9]

Como consequência, muitos membros deixaram a Harvest Bible Chapel e foram para igrejas próximas. Dave Jones, pastor de uma dessas igrejas, disse que mais de cem "refugiados de Harvest" foram para sua igreja com sinais de terem sofrido "abuso espiritual" e temiam ser "prejudicados de alguma forma".[10]

Conforme o tempo passou, mais e mais evidências vieram à tona com relação ao comportamento de MacDonald. De acordo com o periódico *Christianity Today*, o conselho administrativo

---

5 Brandon Ambrosino, "Megachurch Pastor Mark Driscoll Was an Evangelical Rock Star. Here's How He Fell from Grace", *Vox*, 24 de agosto de 2014, https://www.vox.com/2014/8/24/6050155/megachurch-pastor-mark-driscoll-was-an-evangelical-rock-star-heres.

6 Julie Roys, "Hard Times at Harvest", *World*, 13 de dezembro de 2018, https://world.wng.org/2018/12/hard_times_at_harvest.

7 https://www.julieroys.com/wp-content/uploads/2018/10/THE-Letter-to-HBC-Elders-2013.pdf.

8 Roys, "Hard Times at Harvest".

9 Roys, "Hard Times at Harvest".

10 Roys, "Hard Times at Harvest".

investigou mais a fundo e concluiu que MacDonald estava desqualificado para continuar no ministério por, dentre outras coisas, "insultar, menosprezar e assediar verbalmente" e "exercer de maneira imprópria a autoridade posicional e espiritual".[11]

Um episódio mais recente se deu quando a queda do presidente da universidade Liberty, Jerry Falwell Jr., se tornou manchete nacional. Embora a ruína de Falwell estivesse atrelada principalmente a seus escândalos sexuais, seu mandato como presidente foi marcado por preocupações com assédio, comportamento abusivo e intimidação.[12] Por anos, seus funcionários enfrentaram esse comportamento em silêncio relativo, com medo dele e de qualquer represália que pudessem receber se falassem a respeito.

Quando o escândalo sexual enfim encerrou sua presidência, muitos expressaram dúvidas sobre a razão de a administração da universidade ter esperado tanto.[13] O comportamento abusivo não bastava? Por que não o impediram antes? Como veremos mais adiante neste livro, esse questionamento é levantado em quase todos os casos de abuso espiritual.

---

[11] Kate Shellnutt, "Harvest Elders Say James MacDonald Is 'Biblically Disqualified' from Ministry", *Christianity Today*, 5 de novembro de 2019, https://www.christianitytoday.com/news/2019/november/harvest-elders-say-james--macdonald-biblically-disqualified.html.

[12] Will E. Young, "Inside Liberty University's 'Culture of Fear'", *Washington Post*, 24 de julho de 2019, https://www.washingtonpost.com/outlook/2019/07/24/inside-liberty-universitys-culture-fear-how-jerry-falwell-jr-silences-students-professors-who-reject-his-pro-trump-politics/?arc404=-true.

[13] Carol Kuruvilla, "Why a Sex Scandal Toppled Jerry Falwell Jr. When It Seemed Like Nothing Else Could", *Huffington Post*, 26 de agosto de 2020, https://www.huffpost.com/entry/jerry-falwell-sex-liberty_n_5f4420d4c5b66a80ee16897c.

A história de Judy Dabler nos lembra de que o abuso pode ser cometido tanto por homens quanto por mulheres. Ironicamente, Dabler foi fundadora de dois ministérios — Live at Peace Ministries [Ministério Viva em Paz] e Creative Conciliation [Conciliação Criativa] —, criados para resolver conflitos em organizações cristãs. No entanto, uma investigação revelou que ela costumava proteger grandes líderes e organizações poderosas que pagavam as contas, e as vítimas muitas vezes eram pressionadas a fazer acordos injustos.[14] Como se não bastasse, Dabler também foi considerada culpada de abuso por assediar e depreciar funcionários e até por cometer abuso sexual contra dois alunos de seminário.

O abuso espiritual não é somente um problema dos Estados Unidos. Heather Tomlinson, escrevendo para a revista *Premier Christianity* no Reino Unido, relata sobre uma organização fundada para ajudar vítimas de abuso espiritual. Após a abertura, "[as equipes] foram inundadas com cristãos entrando em contato. Tanta gente buscava ajuda que tiveram de encerrar o grupo de apoio, pois não tinham recursos suficientes para responder a todas as demandas".[15]

Um dos poucos estudos estatísticos sobre abuso espiritual também veio do Reino Unido. Conduzido por Lisa Oakley, da Universidade Bournemouth, o estudo de 2018 revela que 63% dos participantes da pesquisa relataram ter vivido alguma forma de abuso espiritual, como coerção, controle, manipulação, e que a defesa desse

---

[14] Daniel Silliman, "The Christian Peacemaker Who Left a Trail of Trauma", *Christianity Today*, 16 de novembro de 2021, https://www.christianitytoday.com/news/2021/november/judy-dabler-creative-conciliation-abuse-lapm-unfit-ministry.html.

[15] Heather Tomlinson, "Spiritual Abuse", *Premier Christianity*, 4 de fevereiro de 2014, https://www.premierchristianity.com/home/spiritual-abuse/3613.article.

comportamento tinha uma "justificativa divina".[16] É claro, os 63% se referem somente aos participantes, portanto não refletem um número aplicável a nenhuma congregação particular.[17] Todavia, mesmo uma fração dessa porcentagem é preocupante para a saúde da igreja.

Quaisquer que sejam os números precisos de vítimas de abuso espiritual, existe um bom motivo para pensar que a maioria das situações não é reportada. Afinal, o abuso espiritual não envolve atos físicos como outras formas de abuso, tornando difícil defini-lo (mais a respeito disso no capítulo 2). Até as vítimas sabem que é complicado comprová-lo. Esse fato, assim como a inevitável retaliação que podem sofrer por parte do pastor abusivo, faz com que a maioria das pessoas prefira ficar em silêncio.

Quanto àqueles que relatam o abuso espiritual, as organizações cristãs raramente dão continuidade ao processo, como veremos. Assim como a maioria das críticas ao pastor, qualquer acusação é perdida em um labirinto de comitês e burocracias que quase nunca veem a luz do dia. E, para os poucos casos que a liderança reconhece, a maioria não é notada pela mídia, a não ser que o pastor seja famoso ou conhecido.

Em minhas pesquisas para este livro, descobri que o buraco é bem mais embaixo. Além de me basear nos incontáveis casos de abuso já documentados em livros anteriores sobre abuso espiritual,[18] tive conversas com pastores, líderes e membros de igrejas

---

[16] Lisa Oakley e Justin Humphreys, *Understanding Spiritual Abuse in Christian Communities* (Bournemouth: The National Centre for Post-Qualifying Social Work and Professional Practice, 2018), p. 3.

[17] As limitações da metodologia foram exploradas pelo Evangelical Alliance Theology Advisory Group, *Reviewing the Discourse of "Spiritual Abuse": Logical Problems and Unintended Consequences* (Evangelical Alliance, 2018).

[18] Alguns recursos-chave incluem Wade Mullen, *Something's Not Right: Decoding the Hidden Tactics of Abuse and Freeing Yourself from Its Power* (Carol Stream, IL:

ao redor do país sobre casos que eles testemunharam e viveram — em diferentes denominações, perspectivas teológicas e localizações geográficas —, com diversos testemunhos escritos e verbais das próprias vítimas de abuso. Refiro-me a esses casos em alguns momentos no decorrer deste livro, excluindo alguns detalhes por motivos de confidencialidade. Esses testemunhos me fizeram perceber que vi apenas a ponta do icebergue. Para ser bem sincero, não quero nem imaginar quão profundo ele é.

Se queremos ir a fundo na questão do abuso espiritual, temos de identificar os padrões revelados nesses casos. Para fazê-lo, voltamos nossa atenção agora para um caso particular que destaca detalhadamente esses padrões.

Tyndale, 2020); Lisa Oakley e Kathryn Kinmond, *Breaking the Silence on Spiritual Abuse* (Nova York: Palgrave Macmillan, 2013), p. 89-119; Lisa Oakley e Justin Humphreys, *Escaping the Maze of Spiritual Abuse: Creating Healthy Christian Cultures* (Londres: SPCK, 2019); Chuck DeGroat, *When Narcissism Comes to Church: Healing Your Community from Emotional and Spiritual Abuse* (Downers Grove, IL: InterVarsity Press, 2020) [*Quando o narcisismo invade a igreja: cura para comunidades que sofreram abuso espiritual e emocional* (São Paulo: Mundo Cristão, 2024)]; Scot McKnight e Laura Barringer, *A Church Called Tov: Forming a Goodness Culture That Resists Abuses of Power and Promotes Healing* (Carol Stream, IL: Tyndale, 2020) [*Uma igreja chamada tov: a formação de uma cultura de bondade que resiste a abusos de poder e promove cura* (São Paulo: Mundo Cristão, 2022)]; David Johnson e Jeff VanVonderen, *The Subtle Power of Spiritual Abuse: Recognizing and Escaping Spiritual Manipulation and False Spiritual Authority within the Church* (Mineápolis: Bethany House, 1991); e Ken Blue, *Healing Spiritual Abuse: How to Break Free from Bad Church Experiences* (Downers Grove, IL: InterVarsity Press, 1993)[*Abuso Espiritual:* Como libertar-se de uma experiência negativa com a igreja (São Paulo: ABU Editora, 2000)].

UM CASO PARADIGMÁTICO

Segundo todas as métricas padrão, o CEO da Atos 29, Steve Timmis, parecia ter uma carreira ministerial sólida. Conhecido por seu forte ensino bíblico, uma profunda paixão pela multiplicação de igrejas e por pastorear uma igreja frutífera na Inglaterra conhecida como Crowded House, Timmis era um candidato natural para liderar um ministério voltado para missões como a Atos 29. Ele tinha publicado muitos livros sobre liderança cristã, plantação de igrejas e discipulado, e muitos o consideravam um líder “eficiente e respeitado”.[19] Além disso, ele era um mentor para muitos jovens que plantavam igrejas e desejavam ser guiados por alguém mais experiente.

Contudo, nem tudo era o que parecia.

Em 2020, o *Christianity Today* divulgou que Timmis foi removido da Atos 29 em razão de relatos de liderança abusiva, assédio, intimidação, pastoreio rude e até ameaças de disciplina eclesiástica àqueles que lhe resistiam.[20] As pessoas que trabalharam com Timmis afirmaram que, quando confrontado por esses comportamentos, ele não somente se recusava a receber as críticas, como também revertia as acusações, como se os desafiadores fossem o verdadeiro problema. Eles eram apenas encrenqueiros gerando contenda na

---

[19] Kate Shellnutt, “Acts 29 CEO Removed Amid ‘Accusations of Abusive Leadership’”, *Christianity Today*, 7 de fevereiro de 2020, https://www.christianitytoday.com/news/2020/february/acts-29-ceo-steve-timmis-removed-spiritual-abuse-tch.html. Para um relato mais detalhado sobre o caso de Timmis, veja *An Independent Learning Review: The Crowded House* (Thirtyone:eight, 2020), https://thirtyoneeight.org/media/khzksimf/the-crowded-house-learning-review-full-report.pdf.

[20] Shellnutt, “Acts 29 CEO Removed”.

igreja. Andy Stowell, antigo presbítero da Crowded House, resumiu desta forma: "As pessoas tinham medo de Steve Timmis."[21]

Durante o tempo de Timmis como pastor da Crowded House, sua liderança autoritária gerou diversos conflitos relacionais e, como resultado, muitos membros saíram para outras igrejas. Essa comunidade de "refugiados" sentia-se censurada e rejeitada pela comunidade a que costumavam pertencer, e eles muitas vezes compartilhavam suas histórias uns com os outros na tentativa de encontrar perspectiva e paz. Um dos antigos membros descreveu o trauma: "Pensávamos, a certo ponto, que era mais fácil deixar o país do que a igreja."[22]

Apesar da crescente lista de problemas, a responsabilização não parecia próxima. Afinal, quando Timmis ainda estava na Crowded House, o conselho administrativo consistia, além dele, em apenas dois rapazes e o genro de Timmis. O pastor também tinha defensores fiéis, e alguns se juntaram à causa com a explicação de que líderes fortes às vezes geram incômodo em algumas pessoas. É o que acontece quando os pastores fazem seu trabalho com fidelidade. As pessoas apenas precisam "ser graciosas com ele".[23]

Quando cinco funcionários da Atos 29 de Dallas fizeram reclamações sobre Timmis diretamente à liderança da organização, a responsabilização ainda assim não foi feita. Pelo contrário, de acordo com o *Christianity Today*, os cinco funcionários foram demitidos e tiveram de assinar acordos de confidencialidade.

[21] Shellnutt, "Acts 29 CEO Removed".
[22] Shellnutt, "Acts 29 CEO Removed".
[23] Shellnutt, "Acts 29 CEO Removed".

A razão por trás da decisão era de que alguns "viam [os relatos] como atrito de estilos de liderança, não como indicativos de abuso".[24]

A maioria dos casos de abuso teria terminado aí, com o líder abusivo ileso e as vítimas traumatizadas e isoladas, como se fossem o problema. Felizmente, este caso terminou de uma forma diferente. Após analisar de perto o comportamento de Timmis, a Atos 29 reconheceu que o problema era mais do que uma questão de estilo; era abuso genuíno. Como consequência, Timmis foi demitido.

Essa história apresenta temas importantes do abuso espiritual que revisitaremos no decorrer deste livro:

- Os abusadores costumam ter o que parece um ministério frutífero e centrado no evangelho, com um histórico bem-sucedido.
- O abuso muitas vezes acontece por anos, deixando um enorme "campo de destroços"[25] de relacionamentos quebrados antes de, por fim, alcançar o abusador.
- O abuso envolve comportamento opressivo e tirânico, causando medo genuíno no abusado, em especial se o abuso envolve ameaças de disciplina eclesiástica.
- Relatos de abuso raramente levam à responsabilização, pois amigos defendem o abusador, e o conselho (muitas vezes composto por pessoas de menos idade ou experiência) encontra justificativas alternativas.

---

[24] Shellnutt, "Acts 29 CEO Removed".

[25] DeGroat, *When Narcissism Comes to Church*, p. 3, 143.

- As vítimas de abuso costumam ser forçadas a se retirar e são rotuladas como encrenqueiras atacando um pastor fiel que apenas faz seu trabalho.

Os cenários anteriores pintam um retrato preocupante de como a liderança às vezes dá terrivelmente errado na igreja. Se a questão dos líderes abusivos é apenas uma fração tão ruim do perigo que convém evitar, não podemos nos desviar de um questionamento fundamental: Como chegamos aqui?

COMO CHEGAMOS AQUI?

A questão de líderes tirânicos não é nada nova. Desde a Queda, no jardim do Éden, os seres humanos governaram sobre outros humanos de maneiras cruéis e humilhantes. Na realidade, mesmo o conhecimento mais limitado da história da igreja revela que a igreja viu esse tipo de problema antes (e muito pior).[26] Temos de reconhecer que talvez aqui não haja uma ascensão da tirania, apenas uma ascensão da consciência ou dos relatos (provavelmente em razão da proliferação das redes sociais). É difícil distinguir uma coisa da outra.

Ainda assim, podemos questionar se existem fatores que contribuem para o aparente aumento de pastores abusivos em nossos dias. Mesmo se a nossa consciência a respeito disso for nova e, embora os problemas da geração atual não sejam únicos, não são motivos para fazer vista grossa ao problema. Ainda é

---

[26] Por exemplo, veja Gregório de Nazianzo e sua dissertação sobre padres maus de seu tempo: Oration II, "In Defence of His Flight to Pontus, and His Return, after His Ordination to the Priesthood, with an Exposition of the Character of the Priestly Office", p. 78-85.

válido explorar o que pode nos ter trazido até aqui como igreja. Deixe-me apresentar algumas possibilidades.

O pastor-celebridade

Os Estados Unidos, e o mundo ocidental em geral, amam celebridades. Quanto a isso, não há dúvidas. Quer sejam atletas ou atores, quer CEOs bem-sucedidos, ficamos fascinados com pessoas ricas e poderosas que estejam no auge. E fomos ensinados de que a forma de tornar uma empresa bem-sucedida é encontrar uma pessoa excepcional para liderá-la — um recordista — que possa torná-la conhecida.[27] Seja LeBron James, seja Jeff Bezos, toda empresa precisa de uma estrela.

Dada a inclinação da igreja a imitar a cultura, não é surpresa que a geração anterior tenha visto números crescentes dos chamados pastores-celebridades. Algumas igrejas querem seu próprio recordista: alguém forte, ativo e inspirador. Querem alguém excepcional, um visionário carismático que possa conduzir as pessoas. Como consequência, tais pastores-celebridades muitas vezes recebem privilégios e direitos especiais, são considerados mais talentosos do que os demais e até ganham uma voz e autoridade que excede todos ao seu redor (mesmo se as igrejas afirmarem que esses indivíduos são apenas uma voz entre muitas).

É claro, temos de nos lembrar de que existiram "pastores-celebridades" em todas as épocas da igreja. João Crisóstomo, o pai da igreja do século 4, lamentou que os pastores de seu tempo tivessem estes vícios:

---

[27] Jim Collins, *From Good to Great: Why Some Companies Make the Leap and Others Don't* (Nova York: HarperBusiness, 2001). Em particular, veja como Collins descreve que líderes "Nível 5" são diferentes de "líderes-celebridades" (p. 39-40).

> "Amor pelo louvor, ganância por reconhecimento (que, mais do que qualquer outra coisa, lança a alma humana na destruição), ensinamento destinado a agradar, lisonja abjeta, bajulação ignóbil, desprezo pelos pobres, adulação aos ricos, honras absurdas e favores prejudicais que põem em perigo tanto o que dá quanto o que recebe, medo servil adequado somente ao mais cruel dos escravos, restrição da fala franca, deveras fingida, e nenhuma humildade.[28]

Poderíamos pensar que essas palavras foram escritas em nossos dias se não soubéssemos quem as escreveu.

Com certeza, o pastor-celebridade não precisa ser tão excepcional para esperar receber tratamento especial. Não importa se a igreja dele tem cinquenta ou quinhentas pessoas. Ele apenas precisa ser o peixão em seu próprio laguinho. Afinal, atletas não precisam estar em ligas profissionais para terem uma atitude arrogante. Até um jogador de futebol do ensino médio pode desenvolver um ego gigantesco por causa do louvor incessante de sua torcida.

Com esse tipo de cultura de ministério de celebridades, não é surpresa que algumas igrejas tenham atraído personalidades narcisistas para os púlpitos.[29] O trabalho do pastor não se trata mais somente de ser um professor fiel e pastor manso; agora ele é a peça central de um grande espetáculo. Como Chuck DeGroat

---

28 John Chrysostom, *Six Books on the Priesthood*, trad. Graham Neville, Popular Patristics Series (Crestwood, NY: St Vladimir's Seminary Press, 2002), 3.9 [João Crisóstomo, *Os seis livros do sacerdócio* (São Paulo: Cultor de Livros, 2022)].

29 DeGroat, *When Narcissism Comes to Church*. Veja também Johannes Brunzel, "Overconfidence and Narcissism among the Upper Echelons: A Systematic Literature Review", *Management Review Quarterly* 71 (2021): 585-623, https://doi.org/10.1007/s11301-020-00194-6.

observou, líderes narcisistas "são obsessivamente preocupados com sua reputação, influência, sucesso, justiça, prosperidade, relevância, plataforma, afirmação e poder".[30] Essas obsessões são a receita perfeita para um pastor abusivo que fará de tudo para reter seu império e derrotar qualquer um que o ameace.

Dons antes de caráter

As igrejas nem sempre acabam com pastores-celebridades narcisistas apenas porque esse pastor conseguiu chegar ao topo. Pelo contrário, algumas igrejas o convidaram e incentivaram seu crescimento. Como McKnight e Barringer afirmaram: "É claro, celebridades não se formam sozinhas. Por trás de cada pastor-celebridade existe uma congregação admiradora que ama e apoia a atmosfera de celebridade."[31]

Igrejas que nutrem tal atmosfera precisam reconhecer que perderam — ou talvez até tenham ignorado — as qualificações bíblicas para ministros. Considere a lista de 1Timóteo 3:2-4,6-7:

> "É necessário, pois, que o bispo seja irrepreensível, marido de uma só mulher, moderado, sensato, respeitável, hospitaleiro e apto para ensinar. Não deve ser dado ao vinho nem violento, mas sim gentil, pacífico e livre do amor ao dinheiro. Deve governar bem a sua casa [...]. O bispo não pode ser recém-convertido, para que não se ensoberbeça [...]. Ele também deve ter boa reputação entre os de fora [...].

---

[30] DeGroat, *When Narcissism Comes to Church*, 7.

[31] McKnight e Barringer, *A Church Called Tov*, 184.

Há muito a ser dito sobre cada uma das qualidades individuais da lista, porém aqui queremos ressaltar somente a observação simples e, ainda assim, crítica de Paul Tripp: "O que deve chamar a atenção de todo líder a respeito dessa lista de qualidades de um líder, o que salta da página, é que, acima de tudo que você deseja em um líder, Deus valoriza o caráter."[32] Em outras palavras, na longa lista, quase tudo é sobre o caráter de um líder; apenas uma única característica diz respeito a dons (ensino). A depender de como as características sejam contadas, a proporção drástica é de doze para um.

Não tem nada na lista a respeito de ser um líder forte, capaz de expressar uma visão, nem de ser carismático ou dinâmico. Não estou dizendo que esses aspectos da liderança são irrelevantes, porém com certeza não são o cerne do interesse de Deus para um pastor. Tampouco podem superar o interesse de Deus pelo caráter. Segundo o reformador Martin Bucer, "É melhor escolher aqueles que possam ter falta de eloquência e conhecimento, mas que estejam genuinamente interessados nas coisas de Cristo".[33]

Quando essa proporção dada por Deus é invertida e as igrejas preferem os dons ao caráter, elas inevitavelmente passam a ignorar as falhas de caráter de um pastor porque ele é bem-sucedido em outras áreas. O desempenho da liderança se torna o escudo que protege o pastor da crítica. Como afirmou Michael Jensen, "Com frequência promovemos narcisistas e psicopatas. Vez após

---

[32] Paul David Tripp, *Lead: 12 Principles for Gospel Leadership in the Church* (Wheaton, IL: Crossway, 2020), p. 104.

[33] Martin Bucer, *Concerning the True Care of Souls*, trad. Peter Beale (Carlisle, PA: The Banner of Truth Trust, 2009), p. 57. [*Teologia pastoral:* Sobre o verdadeiro cuidado das almas (Rio de Janeiro: Thomas Nelson Brasil, 2020)]

vez, perdoamos a arrogância deles. Colocamos seus abusos de poder entre parênteses porque sentimos que precisamos desse poder para conquistar as coisas".[34]

Imagine um membro de pouca influência na igreja se apresentando ao conselho administrativo para dizer que o pastor é abusivo. Esse conselho está diante de uma escolha entre a possível perda de um pastor ativo e cheio de dons (e do ministério que o acompanha) e a perda de um membro relativamente inconsequente. Não é difícil prever qual caminho escolherão seguir. Na realidade, a escolha foi feita muito antes que qualquer acusação de abuso surgisse, quando a igreja decidiu que preferia um pastor cheio de "dons" a um cheio de Deus.

É necessário fazer mais uma observação. Enquanto algumas igrejas talvez prefiram os dons ao caráter, outras preferem a doutrina correta ao caráter. Em algumas igrejas evangélicas conservadoras, não são os dons que reinam, e sim a doutrina. Se um pastor pode articular sua teologia, citar os puritanos, defender a verdade contra os liberais e manter a igreja "pura" no que diz respeito à doutrina, o caráter pode ficar em segundo plano.

Com certeza, Deus se importa muito com a doutrina, em especial para os pastores e mestres da igreja (por exemplo, Tito 1:9; 2:1). Contudo, o mesmo perigo está à espreita para aquelas igrejas que tornam os dons o fator principal: isto é, essa igreja deixa que a eloquência doutrinária de um pastor funcione como um escudo contra deficiências de caráter? Essas deficiências são ignoradas porque esse pastor é visto como o defensor da fé pura?

---

[34] Michael Jensen, "Recovering the Art of Gentleness", *ABC Religion and Ethics*, 24 de novembro de 2021, https://www.abc.net.au/religion/michael-jensen-art-of-gentleness/13647030.

Infelizmente, isso acontece mais do que pensamos. A sã doutrina às vezes é vista como um indicador de caráter puro, apesar de todas as evidências bíblicas ao contrário. Portanto, algumas pessoas jamais considerarão a possibilidade de um pastor tão correto do ponto de vista teológico ser acusado de abuso espiritual. Na mente deles, não é possível.

Um coro de puxa-sacos

Uma vez que as igrejas decidem que querem um líder enérgico, carismático e persuasivo — que muitas vezes apresenta tendências narcisistas —, elas não costumam antecipar o problema que vem depois: Como responsabilizamos esse tipo de líder? Se as histórias anteriores dão algum indício, a resposta é: "Não é fácil."

A maioria das igrejas e ministérios cristãos não tem uma estrutura adequada de prestação de contas para os líderes que contratam. Não quer dizer que eles não tenham *nenhuma* estrutura; ela simplesmente não basta. Parte da razão pela qual essas estruturas são inadequadas é que, da perspectiva filosófica, estão em desacordo com a visão expressa pela igreja da liderança pastoral. Afinal, se a igreja já indicou (pelo menos de maneira implícita) que o pastor titular é especial — ele não é como as outras pessoas; tem uma voz distinta e autoridade que se sobressai —, como pode voltar atrás quando chega o momento de responsabilizá-lo por seu comportamento?

No entanto, existe um problema maior quando se trata da responsabilização: a maior parte dos conselhos administrativos ou conselhos de líderes não é composta pelo tipo de líder que enfrenta pastores narcisistas abusivos. Narcisistas são habilidosos em formar alianças, construir uma rede de apoio e fundamentar o terreno para a alienação futura de potenciais inimigos. Eles muitas vezes manipulam seus apoiadores por meio de lisonja, promessas e outras formas de insinuação.[35] A maioria dos conselhos não está preparada para esse nível de manipulação coordenada. Os membros do conselho quase sempre trabalham meio período e têm treinamento limitado, enquanto o pastor titular pode dedicar quanto tempo precisar para fortalecer sua base de apoio.

Além disso, muitos conselhos, principalmente em contextos de plantação de igrejas, estão cheios de presbíteros jovens, muitos dos quais estão atuando pela primeira vez no conselho administrativo. Para eles, o pastor é o mentor, amigo e líder a quem devem extrema submissão. Tudo o que sabem do ministério aprenderam com ele. Nesses casos, é difícil — dos pontos de vista relacional e emocional — considerar com seriedade que ele cometeria abuso espiritual contra o rebanho.

Em resumo, grande parte dos conselhos administrativos sucumbe rápido à pressão de um pastor titular agressivo. Eles não são cúmplices do mau comportamento do líder (embora, como veremos, às vezes sejam) em todos os casos. Muitos estão apenas despreparados ou não entendem o que está acontecendo.

Todavia, isso não é uma sugestão de que o conselho administrativo, como regra, seja facilmente controlado pelo pastor. Muitas vezes, os pastores lamentam quão difíceis e teimosos são os membros do conselho. Eles podem até se sentir maltratados pelo conselho, não o contrário. Contudo, as coisas costumam ser diferentes quando se trata de líderes abusivos. O comportamento abusivo deles tem permissão para continuar sem consequências

---

[35] Mullen, *Something's Not Right*, p. 33-52.

porque esses líderes estão em situações nas quais a prestação de contas é inadequada.

Mesmo quando o conselho não é composto por puxa-sacos, pastores abusivos muitas vezes encontram uma forma de fugir da prestação de contas. No caso de Mark Driscoll, o jornal *The Stranger*, de Seattle, entrevistou dois antigos presbíteros, Paul Petry e Bent Meyer. De acordo com eles, Driscoll tentou mudar o estatuto da igreja para "consolidar todo o poder" para si mesmo.[36] Quando os dois pastores se opuseram, Driscoll os demitiu da Mars Hill e fez acusações contra eles por "falta de confiança e respeito pela autoridade espiritual".[37] Infelizmente, foram condenados. No caso de Petry, "Driscoll convocou a congregação da Mars Hill a banir a família Petry, afastando os pais e filhos de todos os amigos da comunidade da igreja que dedicaram tantos anos ajudando a edificar".[38] Se pastores abusivos, para manter o poder, estão dispostos a destruir a vida das pessoas dessa forma, uma estrutura mais robusta de responsabilização se faz necessária.

Algumas tradições, porém, insistirão que a responsabilização não é um problema para elas. "A nossa forma de governo protege a igreja contra esses tipos de problemas", podem dizer. Esse costuma ser o caso de denominações que enfatizam a pluralidade no conselho ou níveis mais altos de responsabilização (por exemplo, bispos ou tribunais eclesiásticos). Contudo, essas formas de governo não

---

[36] Brendan Kiley, "Why the Mars Hill Faithful Have Started to Question Mark", *Stranger*, 30 de julho de 2014, https://www.thestranger.com/seattle/why-the-mars-hill-faithful-have-started-to-question-mark/Content?oid=20257920.

[37] Kiley, "Why the Mars Hill Faithful Have Started to Question Mark".

[38] Kiley, "Why the Mars Hill Faithful Have Started to Question Mark".

resolvem o problema em um passe de mágica. Na verdade, muitos dos casos de abusos que vi vêm exatamente desses círculos.

Má interpretação da autoridade

Desde a fundação do nosso país, os Estados Unidos, os americanos não têm sido muito bons em se submeter à autoridade. O lema do estado da Virgínia — *Sic semper tyrannis* ("Assim sempre aos tiranos!"), escrito sob o retrato de uma deusa grega com o pé sobre um opressor subjugado — captura esse espírito revolucionário. Se avançarmos para a revolta cultural de 1960, combinada com uma pós-modernidade emergente que gera suspeita em todas as instituições, poderíamos dizer que vivemos na era antiautoritária.[39]

Como se liderar uma igreja não fosse difícil o bastante, esse contexto cultural torna a tarefa ainda mais complicada. Afinal, os líderes cristãos têm autoridade real, dada por Deus, e os membros da igreja são chamados de maneira clara a se submeterem a essa autoridade (Hebreus 13:17).

Contudo, à medida que a igreja enfrenta a cultura antiautoritária, dois extremos se sobressaem. Algumas igrejas abandonaram suas responsabilidades na liderança, partindo para uma forma mais "orgânica" de ministério na qual há pouca responsabilização ou supervisão do rebanho. Outras foram na direção oposta e, na intenção de preservar a autoridade, decidiram que é melhor

[39] Muitos livros registraram o colapso da confiança em instituições, em especial o governo, a ciência e a educação superior; por exemplo: Christopher Hayes, *Twilight of the Elites: America after Meritocracy* (Nova York: Crown, 2012); Douglas E. Schoen, *The End of Authority: How Loss of Legitimacy and Broken Trust Are Endangering Our Future* (Nova York: Rowman and Littlefield, 2013); Tom Nichols, *The Death of Expertise: The Campaign against Established Knowledge and Why It Matters* (Nova York: Oxford, 2017).

reprimir ainda mais, a fim de mostrar às pessoas como aquela igreja leva a sério sua autoridade e, portanto, não se curvará ao espírito deste tempo. Como um pai inseguro com um adolescente rebelde, pensam que é melhor "mostrar quem é que manda".

Enquanto nenhuma das opções é bíblica, a última é o caminho para que um pastor se torne abusivo. Temo que muitas igrejas, em particular naqueles círculos que tendem (com razão) a se preocupar mais com a autoridade, estejam nesse caminho.

Curiosamente, Jesus previu esse exato erro em seus líderes. Em Marcos 10:35-45 (uma passagem a que retornaremos no capítulo 3), Tiago e João se dirigem a Jesus e pedem por posições de poder e autoridade: "Permite-nos que, na tua glória, nos sentemos um à tua direita e o outro à tua esquerda" (v. 37). Esses são os mesmos irmãos que, depois de ver um vilarejo samaritano rejeitar a autoridade de Jesus, perguntaram: "Senhor, queres que façamos cair fogo do céu para destruí-los?" (Lucas 9:54b). O modelo de liderança de Tiago e João é claro: se alguém não respeita a sua autoridade, bata o martelo. Problema resolvido.

O modelo de Jesus para o ministério, porém, é diferente. Depois do pedido ousado de Tiago e João por autoridade, Jesus lembra os discípulos de que gentios (leia-se "descrentes") pensam desta maneira a respeito da autoridade: "Vocês sabem que aqueles que são considerados governantes das nações *as dominam*, e as pessoas importantes exercem autoridade sobre elas" (Marcos 10:42, grifo na citação). Em outras palavras, Jesus sabe que a posição padrão para aqueles que têm autoridade é oprimir e esmagar seus liderados. Então, vem o ponto principal: "*Não será assim entre vocês*. Ao contrário, quem quiser tornar-se importante entre vocês deverá ser servo, e quem quiser ser o primeiro deverá ser servo de todos" (v. 43-44, grifo na citação).

O modelo do ministério de Jesus é paradoxal. Não se lidera ao exigir seus direitos, mas ao abrir mão deles. Para o pastor abusivo, os primeiros serão os primeiros. No entanto, para o pastor piedoso, os primeiros serão os últimos. Segundo Paul Tripp, "Jesus lembra os discípulos de que não foram chamados ao senhorio, mas à servidão".[40]

Contudo, será que a maioria dos pastores vê seu chamado como um chamado à servidão? É assim que a maior parte das igrejas vê o papel do pastor? Pode ser que algumas poucas vejam dessa forma. E isso poderia explicar (ainda que parcialmente) a prevalência de pastores abusivos. Talvez tenhamos contratado homens com mais disposição para invocar trovões do que para tomar a toalha de servo e lavar os pés das pessoas.

Uma conduta defensiva

Se os últimos vinte anos foram marcados pela questão de líderes abusivos, também foram marcados por uma quantidade sem precedentes de críticas direcionadas à igreja. Não estamos falando somente de críticas comuns do mundo secular (embora haja muito disso por aí), e sim das críticas crescentes de cristãos praticantes que estão cansados, frustrados e prontos para desistir da igreja local.

Os títulos de livros dizem tudo: *Vida depois da igreja*, *Deixando a igreja*, *Eles gostam de Jesus, mas não da igreja* e *Você me perdeu: Por que jovens cristãos estão deixando a igreja... e repensando a fé*.[41] E isso é só o mundo editorial. Uma passada pelo *feed* das redes

---

[40] Tripp, *Lead*, p. 134.

[41] Brian Sanders, *Life after Church: God's Call to Disillusioned Christians* (Downers Grove, IL: InterVarsity Press, 2007); Julia Duin, *Quitting Church: Why the Faithful Are Fleeing and What to Do about It* (Grand Rapids: Baker, 2008); Dan

sociais revela que a igreja está na mira como nunca antes. As pessoas se sentem livres para expressar suas frustrações a respeito da igreja para que todo mundo veja.

Como resultado, é compreensível que alguns líderes cristãos tenham adotado uma conduta defensiva em geral. Eles podem sentir que está na hora de defender outros pastores e presbíteros. Está na hora de se unir e proteger a integridade do ofício. Está na hora de mostrar às pessoas que a igreja tem bons líderes fazendo o melhor que podem.

Dada a situação, você pode entender por que algumas igrejas talvez não consigam ouvir as queixas de abuso espiritual feitas por seus membros. Essas queixas estão perdidas em um ruído branco de crítica e foram deixadas de lado como outra instância de ataques injustificados à igreja por parte daqueles afetados por uma cultura ingrata, exageradamente sensível e terapêutica.

Sem dúvida, alguns verão este livro dessa maneira. Na mente de algumas pessoas, é outra tentativa indevida de lavar a roupa suja da igreja. Elas podem dizer: "A última coisa de que precisamos é outro livro anti-igreja para alimentar as fornalhas de descontentamento. Se amamos a igreja, deveríamos parar de apontar todos os seus problemas."

Eu entendo esse modo de pensar. Tornar-se desiludido e cansado da igreja é mais fácil do que pensamos. Temos de tomar cuidado para não nos desviar, talvez de maneira imperceptível, de críticas construtivas para cinismo desenfreado. Ainda assim, o problema

---

Kimball, *They Like Jesus but Not the Church: Insights from Emerging Generations* (Grand Rapids: Zondervan, 2007) [*Eles gostam de Jesus, não da igreja* (São Paulo: Vida, 2011)]; e David Kinnaman, *You Lost Me: Why Young Christians Are Leaving Church... And Rethinking Faith* (Grand Rapids: Baker, 2016).

oposto também é um perigo. O medo de cinismo desenfreado fez com que alguns colocassem vendas e se recusassem a ver e reconhecer os problemas que de fato estão lá. Podemos nos convencer de que amar a igreja significa ficar calados sobre suas fraquezas.

Entretanto, e se esse não for o significado de amar a igreja? E se amar a igreja significar que queremos que ela seja santificada a fim de refletir ainda mais a beleza de Cristo? E se amar a igreja significar amar as ovelhas — a quem Cristo ama — e guardá-las dos lobos a respeito dos quais Cristo nos alertou a vigiar? E se amar a igreja significar abordar as questões que arruínam sua reputação perante um mundo atento?

Em outras palavras, o fato de a igreja ser a noiva amada de Cristo não é um motivo para se importar menos com suas falhas; é um motivo para se importar *mais*. Na realidade, a igreja é a instituição mais importante no planeta. Minha oração é que possamos nos afastar dessas condutas defensivas que talvez tenhamos assumido a partir de críticas injustas nos últimos tempos para ouvir as críticas *justas*. Temos de parar de pensar como advogados, prontos para litigar e refutar todo e qualquer ataque, e estar dispostos a ouvir a verdade quando esta for falada em nosso meio.[42]

No Antigo Testamento, os profetas estavam menos preocupados em defender Israel das críticas e mais preocupados em chamar o povo ao arrependimento de seus pecados. Isso não fez deles "opositores da igreja" (ou, nesse caso, "opositores de Israel"). O julgamento não começa com o mundo; começa com a casa de

[42] Para se aprofundar neste tema, veja John Dickson, *Bullies and Saints: An Honest Look at the Good and Evil of Christian History* (Grand Rapids: Zondervan, 2021). [*Opressores e santos:* uma análise do bem e do mal na história cristã (Rio de Janeiro: Thomas Neslon Brasil, 2023)]

Deus (1Pedro 4:17). Por quê? João Crisóstomo definiu da melhor forma: "Os cristãos prejudicam a imagem de Cristo mais do que seus inimigos e adversários."[43]

Portanto, talvez estejamos cegos para o problema de pastores abusivos porque, em geral, como igreja, precisamos melhorar em perceber a "viga" no próprio olho (Mateus 7:1-5).[44] Oro para que tenhamos a coragem de começar a olhar longamente para nós mesmos.

E AGORA?

Expliquei neste capítulo não somente que o abuso espiritual é uma séria questão na igreja, como também que diversos fatores nos trouxeram até aqui. Esses fatores incluem (1) uma cultura de pastores-celebridades que atrai e recompensa personalidades narcisistas; (2) um modelo de ministério pastoral que dá mais valor aos dons e à doutrina do que ao caráter; (3) uma falta de responsabilização significativa dos presbíteros ou conselhos que supervisionam o pastor; (4) uma profunda má interpretação de como Jesus deseja que os líderes exerçam a autoridade; e (5) uma conduta defensiva que prefere litigar as críticas a dar ouvidos aos alertas proféticos.

E agora? Sabemos que o problema é real, e sabemos um pouco a respeito de como chegamos aqui. Agora voltamos nossa atenção à abordagem da questão. No próximo capítulo, exploraremos mais o que quer dizer exatamente o termo "abuso espiritual".

---

[43] Chrysostom, *Six Books on the Priesthood*, 3.15.

[44] Dickson, *Bullies and Saints*, p. 275-282.

DOIS

AQUILO QUE NÃO DEVE SER NOMEADO

O que é abuso espiritual?

O medo de um nome só aumenta o medo da coisa em si.

— ALVO DUMBLEDORE

Teólogos amam definições. Amamos moldá-las, detalhá-las e debatê-las. Afinal, o significado pode estar atrelado ao que parece ser a menor distinção. Alguns dos debates doutrinários mais importantes na história da igreja têm se centrado no uso de uma única palavra. No Concílio de Niceia, em 325 a.C., a igreja debateu se a natureza de Cristo era "a mesma substância" (*homoousios*) que a do Pai ou apenas "uma substância similar" (*homoiousios*) à do Pai. O debate não foi em torno de uma única palavra, mas de uma única letra! Portanto, devemos nos preocupar com cada palavra que usamos.

Ainda assim, se estamos em busca da palavra perfeita para definir algo, podemos descobrir que nossa jornada nunca termina.

Raramente uma palavra (ou conjunto de palavras) comunica tudo que queremos dizer a respeito de algo. É sempre limitada em algum aspecto.

Então, chegamos ao termo "abuso espiritual". Esse termo pode ser útil, mas também tem limitações. Alguns o preferem; outros não. Abordaremos as complexidades nas seções a seguir. No entanto, não devemos deixar que a discordância com relação à terminologia nos impeça de abordar a questão.

O QUE NÃO É ABUSO ESPIRITUAL

Comecemos ao distinguir abuso espiritual de outros tipos de abuso.

Primeiro, não nos referimos a qualquer tipo de abuso *físico*, seja bater, seja empurrar, seja socar alguém. É mais do que desolador ver tal abuso na igreja hoje — um problema maior do que queremos admitir —, em especial a questão da violência doméstica.[45] Contudo, não é isso que está em análise aqui.

Segundo, não estamos falando sobre abuso *sexual*, quer envolva contato sexual, quer conversas e pedidos inapropriados. Embora a igreja tenha dado alguns passos para abordar esse assunto, os eventos recentes que envolvem Bill Hybels e Ravi Zacharias sugerem que ainda temos um longo caminho a percorrer.[46]

Terceiro, não tratamos somente de abuso *emocional* ou *psicológico*, embora haja, sem dúvida, um grau considerável de

---

45 Para um tratamento útil da violência doméstica, veja Darby Strickland, *Is It Abuse? A Biblical Guide to Identifying Domestic Abuse and Helping Victims* (Phillipsburg, NJ: P&R, 2020) [*Desmascarando o abuso: um guia bíblico para ajudar as vítimas* (São José dos Campos: Fiel, 2022)].

46 O caso de Bill Hybels é coberto extensivamente em Scot McKnight e Laura Barringer, *A Church Called Tov: Forming a Goodness Culture That Resists Abuses of Power and Promotes Healing* (Carol Stream, IL: Tyndale, 2020) [*Uma igreja chamada tov: a formação de uma cultura de bondade que resiste a abusos de poder e promove cura* (São Paulo: Mundo Cristão, 2022)].

sobreposição.[47] A principal diferença é que o abuso espiritual envolve uma pessoa com autoridade eclesiástica ou espiritual sobre a vítima, enquanto o abuso emocional pode acontecer fora desse contexto (por exemplo, em locais de trabalho).

Foi justamente em virtude dessa diferença que o relatório da Aliança Evangélica no Reino Unido emitiu um alerta a respeito do termo "abuso espiritual".[48] Embora não negue a realidade desse tipo de abuso na igreja, a preocupação deles é de natureza *legal-política*: "Seu uso agora representa ameaças potenciais à liberdade religiosa."[49] O relatório apresenta uma série de casos legais nos quais o termo "abuso espiritual" foi empregado (de maneira equivocada) para legitimar ações da igreja. Por exemplo, se um pastor declara que certos comportamentos controversos são pecaminosos (como a homossexualidade), alguns insistirão em que essa é uma forma de abuso espiritual.

Assim, de acordo com o relatório, o termo "abuso espiritual" deveria ser evitado porque coloca contextos religiosos como o fator-chave no abuso, dando, de forma inadvertida, munição para aqueles que desejam contestar a teologia ou as atividades da igreja. Em vez disso, devemos apenas usar termos como "abuso emocional" ou "psicológico" para evitar essas complicações.

---

47 Para um panorama útil do abuso emocional e psicológico (embora eu tenha discordâncias significativas em certos aspectos), veja Shannon Thomas, *Healing from Hidden Abuse: A Journey through Stages of Recovery from Psychological Abuse* (MAST Publishing House, 2016).

48 The Evangelical Alliance Theology Advisory Group, *Reviewing the Discourse of "Spiritual Abuse": Logical Problems and Unintended Consequences* (Evangelical Alliance, 2018). Para uma objeção semelhante ao termo "abuso espiritual", veja Krish Kandiah, "Does the Church's First Spiritual Abuse Verdict Give Critics a New Weapon?", *Christianity Today*, 12 de janeiro de 2018, https://www.christianitytoday.com/ct/2018/january-web-only/spiritual-abuse-church-england-guilty-verdict-ccpas-survey.html.

49 Evangelical Alliance, *Reviewing the Discourse of "Spiritual Abuse"*, p. 3.

O relatório apresenta alguns pontos importantes, e muita sabedoria pode ser extraída dele. Com certeza, partilho da preocupação a respeito do uso da palavra "abuso" dessa maneira. Apenas apontar o pecado não é uma instância de abuso (mais sobre isso no decorrer do capítulo). Também podemos reconhecer que, na esfera legal-política, "abuso espiritual" pode ser mal interpretado. Não é um termo perfeito.

Isso posto, não estou convencido de que o termo deveria ser abandonado por completo. Em primeiro lugar, meu principal interesse aqui não é proteger a igreja nos âmbitos legal e político (embora eu veja a importância disso), mas proteger a igreja no âmbito espiritual. E o termo "abuso espiritual" destaca corretamente a razão pela qual esse abuso é tão devastador para os cristãos — a saber, porque foi cometido pelo pastor (ou conselho) que deveria protegê-los.[50] É essa dinâmica que, como consequência, leva à desilusão e desconfiança com relação à igreja e talvez ao cristianismo como um todo.

Em outras palavras, importa, sim, que o abuso tenha acontecido em um contexto espiritual. Excluir esse fator é perder de vista o ponto central. Se uma pessoa sofre abuso psicológico por parte do chefe no trabalho, isso é muito diferente de sofrer abuso pelo pastor. E acredito ser apropriado usar uma terminologia que abranja essa diferença.

É claro, isso não significa que não existam outros termos úteis que podem ser usados junto de abuso espiritual — "pastoreio bruto", "ministério autoritário", e mais. O clássico de James

---

[50] Deve ser reconhecido que o abuso espiritual pode também acontecer fora da igreja, como, por exemplo, em um casamento. Veja Darby Strickland, "Spiritual Abuse in Marriage (Part 1)", *CCEF*, 18 de setembro de 2019, https://www.ccef.org/spiritual-abuse-in-marriage/.

Bannerman, *A igreja de Cristo*, cuja publicação original ocorreu em 1868, usa termos como "tirania espiritual" e "opressão espiritual" para se referir à liderança severa de um pastor, o que agora chamaríamos de abuso espiritual.[51] Usarei alguns desses outros termos de tempos em tempos, mas em algum momento temos de aceitar uma terminologia principal, ainda que limitada e imperfeita.

O QUE É ABUSO ESPIRITUAL

Se persistirmos no uso do termo "abuso espiritual", uma definição formal é necessária. Embora esse abuso possa acontecer em muitos contextos, inclusive no casamento, meu foco aqui é especificamente no contexto eclesiástico.[52] Após considerar as muitas definições já existentes, bem como minha própria pesquisa, permita-me sugerir o seguinte:

> "Abuso espiritual é quando um líder espiritual — como um pastor, presbítero ou líder de uma organização cristã — exerce sua posição de autoridade espiritual para manipular, oprimir, assediar e intimidar aqueles sob sua liderança como forma de manter seu próprio poder e controle, ainda que esteja convencido de que o faz visando a objetivos bíblicos relacionados ao Reino.[53]

Analisemos, a seguir, diversos aspectos dessa definição.

---

[51] James Bannerman, *The Church of Christ*, vol. 1 (Edimburgo: Banner of Truth, 1960), p. 247-248 [*A igreja de Cristo* (edição digital, 2014)].

[52] Novamente, veja Strickland, "Spiritual Abuse in Marriage (Part 1)".

[53] Essa definição é minha. Para melhor visão geral (e comparação) de diferentes definições, veja Lisa Oakley e Kathryn Kinmond, *Breaking the Silence on Spiritual Abuse* (Nova York: Palgrave Macmillan, 2013), p. 20-22.

O abuso espiritual envolve alguém em posição de autoridade espiritual

A distinção do abuso espiritual é que ele envolve uma pessoa com autoridade eclesiástica ou espiritual sobre outra. Sem essa autoridade, pode-se encontrar outras formas de conflitos na igreja — como, por exemplo, quando alguém maltrata outra pessoa —, mas não abuso espiritual. Em outras palavras, o abuso aqui tratado é *descendente*.[54] Johnson e VanVonderen afirmam: "O abuso espiritual pode acontecer quando um líder usa sua *posição espiritual* para controlar ou dominar outra pessoa."[55] Wehr se refere a esse comportamento dominante como "coerção piedosa".[56]

Embora pensemos que esse abuso de poder na igreja seja apenas uma preocupação moderna ou pós-moderna, vemos que Bannerman reconheceu esse problema até no século 19. Ele defendia que temos de limitar o "poder" de líderes cristãos porque isso

> "exclui a possibilidade de esse poder tornar-se um despotismo ou domínio independente nas mãos dos governadores,

[54] É claro, isso não significa que todo abuso espiritual seja descendente. Oakley e Kinmond explicam que há outros modelos de abuso espiritual (embora não os consideremos aqui) nos quais o abuso pode acontecer por aqueles em "posições paralelas ou inferiores" (*Breaking the Silence*, 16). Veja também Lisa Oakley e Kathryn Kinmond, "Developing Safeguarding Policy and Practice for Spiritual Abuse", *Journal of Adult Protection* 16, nº 2 (abril de 2014): 91, https://doi.org /10.1108/JAP-07-2013-0033.

[55] David Johnson e Jeff VanVonderen, *The Subtle Power of Spiritual Abuse: Recognizing and Escaping Spiritual Manipulation and False Spiritual Authority within the Church* (Mineápolis: Bethany House, 1991), p. 20, grifo no original.

[56] Demaris S. Wehr, "Spiritual Abuse: When Good People Do Bad Things", *The Psychology of Mature Spirituality: Integrity, Wisdom, Transcendence*, ed. Polly Young-Eisendrath e Melvin E. Miller (Nova York: Routledge, 2000), 47-61. Discordo de diversos pontos do artigo de Wehr, mas aqui estão também muitas compreensões comuns da graça.

> e evita que eles o considerem como se lhes tivesse sido concedido para o seu próprio engrandecimento e exaltação, ou para ser usado para subjugar, por meio de uma tirania espiritual, a consciência e o entendimento dos outros membros da igreja.[57]

Mais de um século antes, Matthew Henry lamentou que o "poder da igreja e censura da igreja são muitas vezes abusados".[58] Ele defendia que a Palavra de Deus proíbe pastores que apresentem

> "tirania e abuso de poder [...] [Porque] é tão difícil para homens vãos, até para homens bons, terem essa autoridade e não se tornarem arrogantes, e fazerem mais mal do que bem como consequência, que nosso Senhor Jesus achou adequado bani-los completamente de sua igreja.[59]

Que fique claro que a Bíblia afirma o papel adequado das autoridades — na igreja e no mundo. A Bíblia não é contra a autoridade, tampouco tenta extinguir todas essas distinções. Pelo contrário, o abuso espiritual é uma possibilidade real somente porque a autoridade espiritual é uma categoria real. Alguns cristãos tentaram resolver a questão do abuso espiritual ao eliminar todas as autoridades na igreja com a seguinte ideia: "Se pudermos nivelar todas as distinções, talvez possamos eliminar o abuso de autoridade."

---

[57] Bannerman, *Church of Christ*, p. 248. Para um alerta semelhante do século 17, leia Richard Baxter, *The Reformed Pastor* (Carlisle, PA: Banner of Truth, 1983), p. 144 [*O pastor reformado* (São Paulo: Império Cristão, 2024)].

[58] Matthew Henry, *Matthew Henry's Commentary* (Nova York: Revell, 1975), 6:1105 [*Comentário bíblico Matthew Henry* (Rio de Janeiro: CPAD, 2010)].

[59] Henry, *Commentary*, 5:291.

No entanto, essa não é a solução apresentada nas Escrituras. Como veremos no capítulo 3, a Bíblia não resolve a autoridade abusiva pela eliminação de toda autoridade. Em vez disso, à luz da natureza caída da humanidade, a Bíblia alerta repetidas vezes contra o uso *indevido* dessa autoridade (Mateus 20:25; 1Timóteo 3:3; 1Pedro 5:3). Infelizmente, algumas igrejas não veem esses alertas repetidos. Talvez estejam tão focadas em defender a legitimidade de sua autoridade que dedicam pouco tempo a explorar seus possíveis abusos.

Além disso, abusadores costumam ter múltiplas camadas de autoridade. Por exemplo, se um pastor abusa de um membro de sua equipe, opera de *duas* posições de autoridade: ele é *pastor* e *líder* ou, em alguns casos, até mesmo *chefe* dessa pessoa. E, se for uma mulher, alguns pastores podem equivocadamente explorar uma dinâmica adicional entre homem e mulher como *outro* nível de autoridade (embora as mulheres não sejam chamadas a se submeter aos homens somente porque são homens).

Em igrejas que adotam uma teologia patriarcal, o peso dessa autoridade é sentido de maneira ainda mais intensa. Embora a teologia patriarcal deva ser distinguida do complementarismo bíblico, alguns grupos afirmam ser complementaristas, mas operam na realidade com um paradigma patriarcal. Em um caso que estudei de uma igreja acusada de ter liderança abusiva, uma investigação externa revelou tendências patriarcais significativas da organização, apesar de a igreja alegar ser complementarista.

Essas igrejas muitas vezes têm uma estrutura vertical de autoridade masculina que não deve ser questionada ou desafiada, principalmente pelas mulheres. Essas culturas promovem um ambiente propício para o abuso espiritual. Em um caso que analisei de uma igreja no sudoeste dos Estados Unidos, o pastor abusivo tentou suprimir as preocupações de uma mulher para o conselho administrativo ao utilizar passagens como 1Coríntios 14:34-35, que afirma que as mulheres devem ficar em silêncio na igreja — uma aplicação assustadora e irresponsável dessa passagem.

Uma vez que entendemos essas camadas de autoridade, podemos começar a compreender por que o abuso espiritual é tão desolador. Se um membro da igreja faz comentários depreciativos a outro membro, estes podem ser muito dolorosos. Contudo, não há o *peso* de um ofício de autoridade por trás deles.

Em contraste, se um *pastor* faz exatamente os mesmos comentários, essa situação pode ser esmagadora de uma maneira diferente. Ela pode fazer as pessoas duvidarem de que Deus pensa nelas (afinal, esse líder não representa Deus de alguma forma?), ou fazê-las temer a perda do emprego (se for um funcionário), ou fazê-las questionar se esse líder pode impor disciplina eclesiástica contra elas (em especial se houver um histórico dessas tentativas de retaliação), ou causar preocupação de que esse líder esteja falando coisas negativas a respeito delas para outros membros da igreja (em especial se o pastor tem o costume de tecer comentários negativos sobre as pessoas).

Em particular, sobreviventes de abuso muitas vezes testemunham que a parte mais devastadora da experiência é como o pastor abusivo *usou as Escrituras contra eles.*[60] Passagens bíblicas são usadas com a intenção de atacar, menosprezar e controlar oponentes, e essas passagens têm um peso ainda maior nos lábios do líder escolhido por Deus. Muitas vítimas afirmam que diversos

---

[60] Lisa Oakley e Justin Humphreys, *Escaping the Maze of Spiritual Abuse: Creating Healthy Christian Cultures* (Londres: SPCK, 2019), p. 53-59.

anos depois ainda não conseguem tirar a voz do pastor da cabeça quando leem a Bíblia.

Também não é incomum que pastores ataquem as vítimas no púlpito. Em um testemunho que recebi sobre uma igreja no nordeste dos Estados Unidos, o pastor abusivo usava suas pregações para afrontar indivíduos na congregação, ainda que a igreja, como um todo, não estivesse ciente. O pastor usou os sermões como ferramenta para intimidar e atacar seus inimigos.

Um caso estranhamente semelhante é o da antiga assistente de Mark Driscoll, Karen Schaeffer. Depois de Driscoll demiti-la por "heresia" de forma abrupta, apenas por que ela sugeriu que ele precisava de mais pessoas ao seu redor que pudessem de fato desafiá-lo, o pastor lhe disse: "A confiança é muito difícil de conquistar e muito fácil de perder."[61] Mais tarde, em uma pregação, Driscoll falou de como foi "traído" por alguém próximo e repetiu a mesma frase que dissera a Schaeffer. Ao ver que estava sofrendo um ataque direto do púlpito, Schaeffer saiu do santuário naquele instante aos prantos e jamais retornou.[62]

Perceba que esse dano não exige que o pastor invoque *diretamente* a autoridade divina para justificar suas ações e comentários. Ele não tem de dizer coisas como "Estou falando a mensagem de Deus" ou "Deus me disse" para empregar sua autoridade de modo abusivo. Enquanto algumas tradições teológicas são mais suscetíveis a essa linguagem do que outras, devemos nos lembrar

---

[61] Mike Cosper, "You Read the Bible, Ringo?", 7 de julho de 2021, *The Rise and Fall of Mars Hill*, produzido por *Christianity Today*, *podcast*, 42:40-44:57, https://www.christianitytoday.com/ct/podcasts/rise-and-fall-of-mars-hill/rise-fall-mars-hill-podcast-bible-ringo.html.

[62] Cosper, "You Read the Bible, Ringo?", 46:51-47:47.

de que é o *ofício* do pastor (ou líder cristão), e a autoridade proveniente dele, que é decisivo.

Portanto, as palavras de um pastor podem ser desproporcionalmente desencorajadoras ou desproporcionalmente prejudiciais. De certo modo, os pastores têm um "púlpito" na cabeça das pessoas. É por isso que o caráter importa tanto no que diz respeito à qualificação para o ministério.

O abuso espiritual envolve métodos pecaminosos de controle e opressão

Ao desdobrarmos a definição de abuso espiritual, encontramos uma segunda característica: o pastor abusivo utiliza meios pecaminosos para controlar e oprimir seus liderados. Quando você pede a alguém que descreva como é o comportamento controlador de seu líder abusivo, as mesmas palavras aparecem muitas vezes: hipercrítico, cruel, ameaçador, defensivo e manipulador.[63] Vamos falar um pouco sobre cada uma delas.

Hipercrítico. Uma característica importante de um líder abusivo é como sua liderança envolve *a atribuição de culpa.*[64] Eles são rápidos em apontar deficiências no desempenho dos outros e em chamar atenção para os defeitos de caráter de alguém, sem nenhuma bondade ou paciência. As vítimas muitas vezes afirmam que se sentem "observadas", como se o pastor estivesse sempre em busca de algum erro a se apegar e explorar.[65]

---

63 Para se aprofundar em algumas dessas questões, veja David J. Ward, "The Lived Experience of Spiritual Abuse", *Mental Health, Religion, and Culture* 14, nº 9 (2011): 899-915, https://doi.org/10.1080/13674676.2010.53620.

64 Ward, "The Lived Experience of Spiritual Abuse", p. 909.

65 Oakley e Humphreys, *Escaping the Maze of Spiritual Abuse*, p. 46.

O pastor abusivo tende a defender o próprio comportamento ao dizer: "Estou apenas apontando o pecado das pessoas; esse é meu trabalho." Mas as vítimas de abuso sabem a diferença entre correções cuidadosas de um pastor amoroso e atribuição de culpa de um abusador. O pastor abusivo menospreza os outros não apenas para se sentir melhor consigo mesmo (alimentando, assim, seu narcisismo), como também para desmoralizar aqueles sob sua liderança. Isso é importante porque funcionários ou membros desmoralizados se tornam mais inseguros, mais rápidos em se submeter a ordens e dispostos a compensar por suas supostas falhas. Dessa forma, a desmoralização é uma ferramenta de controle, e os pastores abusivos a empregam por uma simples razão: ela funciona.

Cruel. Além de sempre estar em busca de defeitos nos outros, pastores abusivos muitas vezes falam com os funcionários ou membros com crueldade. O pastor parece *intencionalmente machucar* os outros. Isso pode ser feito ao excluir alguém de uma reunião, envergonhá-lo em público por algum erro, zombar dele diante de outras pessoas ou falar com rispidez ou de formas humilhantes.[66]

Em casos extremos de crueldade, alguns pastores gritam com a equipe, chamam as pessoas de "imbecis" ou "idiotas" e até xingam-nas de coisas piores. Como visto no capítulo 1, Mark Driscoll era conhecido por explodir com alguns funcionários e usar linguagem grosseira e palavrões.[67] Acusações semelhantes

---

[66] Para saber mais sobre os danos que as palavras podem causar, veja Jeff Robinson, *Taming the Tongue: How the Gospel Transforms Our Talk* (Austin, TX: The Gospel Coalition, 2021).

[67] Valerie Tarico, "Christian Right Mega-Church Minister Faces Mega-Mutiny for Alleged Abusive Behavior", *Salon*, 3 de abril de 2014, https://www.salon.com/2014/04/03/christian_right_mega_church_minister_faces_mega_muntiny_for_abusive_behavior_partner/.

foram feitas contra James MacDonald.[68] O problema com esses casos extremos é que infelizmente elevam o nível do que é considerado abuso. A maioria pensa que, se o pastor não grita nem profere xingamentos, não deve ser abusivo. Todavia, há maneiras mais sutis de ser cruel com as pessoas. Enquanto alguns pastores abusivos usam "fogo" para ferir suas vítimas, outros usam "gelo" — tornam-se frios e começam a afastar a pessoa do ministério e dos relacionamentos na igreja de modo silencioso.

Ameaçador. Uma das táticas empregadas por líderes abusivos é controlar as pessoas por meio de ameaças. Somente os casos mais extremos de abuso envolvem ameaças evidentes e abertas contra alguém, porém os abusadores são adeptos de ameaças implícitas. Em diversas histórias de abuso espiritual, as vítimas desse abuso têm *medo* genuíno do abusador. Chuck DeGroat observou: "Não é um leve medo desses pastores, mas terror [...]. Esses pastores narcisistas usam o poder de modo que intimida e silencia."[69] As pessoas não costumam ter medo sem motivo. Elas têm de acreditar que o pastor poderia mesmo causar-lhes dano. E há diversas formas para fazê-lo.

Primeiro, em um contexto trabalhista, o pastor poderia demitir um funcionário. Na verdade, vimos isso acontecer diversas vezes no capítulo 1, com Driscoll como exemplo principal. No caso de Steve Timmis, os cinco funcionários da Atos 29 de Dallas escreveram em 2015 uma carta para a liderança da

---

[68] "Former Harvest Bible Staffers Accuse James MacDonald of Lavish Vacations on the Church's Dime", *Relevant*, 13 de março de 2019, https://www.relevantmagazine.com/faith/church/former-harvest-bible-staffers-accuse-james-macdonald-of-lavish-vacations-on-the-churchs-dime/.

[69] DeGroat, *When Narcissism Comes to Church*, p. 92. Veja também Oakley e Humphreys, *Escaping the Maze of Spiritual Abuse*, p. 51-52.

organização explicando como Timmis muitas vezes sugeria que não poderia mais trabalhar com certas pessoas da equipe.[70]

Segundo, o pastor poderia acusar um indivíduo e levá-lo à disciplina eclesiástica. Tanto no caso de MacDonald como no de Driscoll, os presbíteros culparam e disciplinaram os delatores por fazerem acusações contra o pastor sênior. Abusadores são notoriamente litigiosos, a ponto de convocar tribunais eclesiásticos se necessário para punir qualquer um que tente enfrentá-los. Esse padrão está presente em muitos dos casos que analisei. Em um exemplo, um casal foi excomungado por "calúnia" apenas porque os dois expressaram preocupações com relação ao comportamento opressivo e grosseiro do pastor.

Terceiro, pastores podem ameaçar arruinar a reputação de uma pessoa. Ainda que não envolvam acusações eclesiásticas formais, essas ameaças podem controlar as pessoas. Na realidade, muitas igrejas abusivas encorajam os membros a confessarem abertamente seus pecados, insistindo em que cavem fundo e revelem seus segredos mais escondidos. De maneira trágica, uma vez confessados os pecados, às vezes sob coerção, eles são usados mais tarde contra os membros que ultrapassam os limites. Conforme Kenneth Garrett, "Na igreja que abusa, a confissão do pecado (quer real, quer imaginado) é forçada aos membros como forma de obter controle emocional sobre eles".[71]

---

70 Essa carta pode ser encontrada ao fim deste artigo: Julie Roys, "Acts 29 President Matt Chandler Under Fire for Removing Staff Alleging Abuse and Changing Story about Removal of CEO", *Roys Report*, 13 de fevereiro de 2020, https://julieroys.com/acts-29-president-matt-chandler-under-fire-for--removing-staff-alleging-abuse-changing-story-about-removal-of-ceo/.

71 Kenneth J. Garrett, *In the House of Friends: Understanding and Healing from Spiritual Abuse in Christian Churches* (Eugene, OR: Wipf and Stock, 2020), p. 48.

Infelizmente, essas táticas não são tão diferentes daquelas empregadas nos casos não cristãos de abuso mais perturbadores. Harvey Weinstein não somente sabia os supostos "podres" de suas vítimas, como também contratava investigadores particulares para obter mais informações para poder ameaçá-las e controlá-las.[72] A diferença aqui é que o pastor abusivo sempre pode se esconder por trás da desculpa de que estava somente "confrontando o pecado" de seus membros. E a tragédia é que muitos conselhos aceitam essa justificativa.

Aqui está a questão: *Não é normal que as pessoas tenham esse medo de seu pastor.* Precisamos compreender isso. Se várias pessoas, ao longo de vários anos, expressam medo significativo de um pastor, algo está muito, muito errado.

Defensivo. Quando se trata do ministério pastoral, uma coisa é clara: críticas são parte do trabalho. Esteja certo ou errado, todo pastor será criticado por algo. Mas o que acontece quando você critica um pastor espiritualmente abusivo determinado a preservar sua própria autoridade? Em resumo, é guerra. Pastores abusivos são conhecidos por serem melindrosos, eles veem cada crítica, por menor que seja, como uma ameaça ao seu poder. Diversos casos de abuso espiritual mostraram que as críticas muitas vezes são o gatilho que leva o pastor a desligar um obreiro ou membro, gerando retaliação, ameaças e comportamento vingativo. Para abafar as críticas, um pastor abusivo pode silenciar, envergonhar ou isolar um indivíduo, a fim de fazê-lo se sentir insubmisso e insubordinado, como se minasse a liderança dada por Deus à igreja.

---

[72] Ronan Farrow, "Harvey Weinstein's Army of Spies", *New Yorker*, 6 de novembro de 2017, https://www.newyorker.com/news/news-desk/harvey-weinsteins-army-of-spies.

DeGroat compartilhou o testemunho de uma funcionária que teve uma experiência assim:

> "Fui levada a uma sala cheia de presbíteros homens, e o pastor titular me despiu emocionalmente. Ele me disse que fui insubordinada e que, se quisesse manter meu emprego, teria de sofrer um corte no pagamento e concordar em buscar aconselhamento para os meus problemas de raiva. Meus problemas de raiva?[73]

Essa história é um retrato clássico de um pastor abusivo. Ele acusa a funcionária de insubordinação e faz *dela* o verdadeiro problema.

Os testemunhos que li a respeito de uma igreja no centro-oeste do país relataram um pastor abusivo conhecido por perder o controle sempre que era criticado. Se alguém falasse contra ele em qualquer instância, era imediatamente rotulado como um inimigo, o que se seguia por um discurso inflamado e depois semanas e até meses de tratamento silencioso. Esse comportamento era tão traumático para os membros das equipes de trabalho da igreja que alguns até tremiam de medo quando o pastor entrava no mesmo ambiente que eles.

A rica ironia aqui é de que o pastor incapaz de aceitar críticas costuma ser altamente crítico com relação a todos os outros. Essa não é uma boa combinação, e é a marca clássica de um narcisista.[74] Narcisistas não conseguem admitir que outros podem ser mais inteligentes ou mais talentosos do que eles, e esse é o motivo pelo qual sempre criticam os outros. Tampouco conseguem

---

73 DeGroat, *When Narcissism Comes to Church*, p. 91-92.

74 DeGroat, *When Narcissism Comes to Church*, p. 75.

admitir que podem ser inferiores ou estar errados, por isso não permitem críticas a si próprios ou aos ministérios que lideram.

Outro sinal de pastores defensivos em excesso é *que continuamente lembram as pessoas de sua autoridade*. Em tais casos, costumam dizer coisas como: "Sou seu chefe", ou "Sou seu superior" ou "Estou no comando". Além desses lembretes, pode haver apelos regulares aos ensinamentos bíblicos sobre a autoridade do pastor ou dos presbíteros: de que detêm "as chaves do reino dos céus" (cf. Mateus 16:19), de que os membros da igreja têm de se submeter aos líderes (Hebreus 13:17), e assim por diante. Johnson e VanVonderen se referem a esse comportamento como "imposição de poder".[75]

É verdade, porém, que as igrejas e seus líderes têm autoridade. A Bíblia não é contra a autoridade. No entanto, como vimos no capítulo 1, esta é bem diferente da maneira que o mundo a imagina. E bater repetidas vezes na tecla da autoridade pastoral deveria ser um sinal de alerta. Um desejo desmedido de provar a autoridade de alguém pode ser um caminho para o abuso.

Manipulador. De todas as características do pastor abusivo, a última talvez seja a mais crítica. A única forma pela qual pastores abusivos conseguem resistir por tanto tempo é se forem capazes de manipular o sistema de modo que estejam protegidos, e suas vítimas, silenciadas. O primeiro tipo de manipulação é *estrutural*. Abusadores muitas vezes se certificam de que certas práticas sejam estabelecidas para preservar sua autoridade. Um exemplo é o famoso "comitê pessoal", que normalmente é um subgrupo de um conselho administrativo. Ao garantir que todos os conflitos sejam

---

[75] Johnson e VanVonderen, *Subtle Power of Spiritual Abuse*, p. 63-64.

resolvidos com discrição nesse comitê, anos de conflito podem passar despercebidos por um órgão superior. Abordarei mais a respeito desses problemas estruturais no capítulo 7.

O outro tipo de manipulação é *relacional*. Abusadores cultivam com maestria imensa lealdade daqueles com quem atuam no ministério. Isso é feito de inúmeras formas, como ao bajular ("Você é tão talentoso"), ao confiar um segredo a alguém ("Estou contando só para você"), ao incluir alguém no círculo íntimo ("Apenas alguns estão convidados para esta reunião") ou até ao confessar pecados seletos (o que DeGroat chama de "falsa vulnerabilidade").[76] Ou seja, o abusador manipula as pessoas de maneira não tão diferente de como acontece em casos de abuso sexual, uma manipulação com o objetivo de conquistar confiança.

A manipulação relacional tem uma recompensa significativa para o líder abusivo. Primeiro, gera o tipo de lealdade de que ele pode precisar em certo momento caso sejam feitas acusações contra ele. Além disso, pastores abusivos muitas vezes usam esse tipo de influência para fazer que outros líderes na igreja (na maioria das vezes, os presbíteros) se envolvam em comportamento opressivo em favor deles. Em diversos dos casos que estudei — da Costa Oeste ao Sudeste —, o pastor abusivo enviava outros presbíteros ou pastores para confrontar qualquer um que visse como uma ameaça, para acusá-lo e mantê-lo na linha (com a desculpa do "pastoreio"). A esse ponto, o abuso se torna sistêmico, pois envolve mais do que apenas o pastor sênior.

---

[76] DeGroat, *When Narcissism Comes to Church*, p. 82; Wade Mullen, *Something's Not Right: Decoding the Hidden Tactics of Abuse and Freeing Yourself from Its Power* (Carol Stream, IL: Tyndale, 2020), p. 33-52.

Abusadores espirituais aparentam estar edificando o reino de Deus (mas, na verdade, estão edificando o próprio reino)

A terceira característica do abuso espiritual é que o líder abusivo aparenta estar edificando o reino de Deus, pelo menos por fora, mas na verdade está protegendo seu próprio poder e autoridade. O abuso espiritual costuma acontecer porque um pastor tenta desesperadamente controlar seu ministério e mantê-lo nos eixos. Ele quer controlar a equipe, controlar a visão, controlar a direção da igreja. A lealdade deve ser mantida a todo custo. Nada pode diminuir sua posição ou tirar seu poder. E, quando as pessoas saem da linha (o que tende a acontecer com seres humanos), o chicote estrala.

Outra vez, segundo Johnson e VanVonderen:

> “É possível se tornar tão determinado a defender um lugar espiritual de autoridade, uma doutrina ou uma maneira de fazer as coisas que você fere e abusa de qualquer um que questionar, discordar ou não “se comportar” espiritualmente como você deseja que façam.[77]

Esse não é sempre o ponto de vista do pastor abusivo. Pelo contrário, ele pode estar convencido de que está edificando o reino de Deus, não o próprio. Em sua mente, é tão importante para a obra do Reino, tão importante, tão valioso, que se sente justificado ao fazer quase tudo para manter o ministério nos eixos. Se as pessoas forem atropeladas, é porque entraram no caminho da grandiosa obra que ele está fazendo para o Reino — dano colateral, por assim dizer. De algum jeito doentio e perverso, ele esmaga as pessoas para a glória de Deus.

---

[77] Johnson e VanVonderen, *Subtle Power of Spiritual Abuse*, p. 23.

De certo modo, pastores abusivos estão, ao mesmo tempo, cientes e inconscientes do que fazem. Sim, eles sabem que têm ferido as pessoas (embora muitas vezes não tenham conhecimento da extensão dos danos). Sim, o fazem de propósito. Mas suas próprias ilusões narcisistas sobre a grandeza de seu ministério permitem que vejam esse comportamento como uma parte normal e inevitável do avanço do Reino.[78]

Eles convencem a si mesmos de que as conquistas de seu grande reino superam qualquer dano que tenham infligido às pessoas ao longo do caminho.

Como consequência, quando pastores abusivos por fim são confrontados a respeito de seu comportamento opressivo, muitas vezes negam veementemente que tenham feito qualquer coisa errada.[79] A acusação pode até chocá-los.[80] Sim, talvez, lá no fundo, saibam que estão maltratando os outros a fim de manter seu próprio poder e controle. Contudo, o sucesso do ministério, pelo menos em sua mente narcisista, é prova suficiente de inocência. Essa crença é o motivo pelo qual o verdadeiro arrependimento é raro entre abusadores espirituais.

A realidade é esta: pastores acusados de abuso espiritual muitas vezes estão realizando coisas úteis para o Reino — expansão do alcance do evangelho, plantação de igrejas, ajuda aos pobres. O ministério deles parece abençoado. Essa aparência não apenas dá ao pastor abusivo a certeza de que não fez nada de errado, como também convence outros da inocência dele. As pessoas

---

78 Ken Blue, *Healing Spiritual Abuse: How to Break Free from Bad Church Experiences* (Downers Grove, IL: InterVarsity Press, 1993), p. 12-13. Veja também Oakley e Humphreys, *Escaping the Maze of Spiritual Abuse*, p. 104-105.

79 Wehr, "Spiritual Abuse", p. 54.

80 Oakley e Humphreys, *Escaping the Maze of Spiritual Abuse*, p. 105.

se recusam a acreditar em qualquer acusação, pois permitir essa possibilidade destruiria a ordem do mundo que construíram em torno daquele líder espiritual.

NEM TUDO É ABUSO

Até agora, apresentei três características do abuso espiritual: (1) envolve pessoas de autoridade eclesiástica ou espiritual; (2) envolve meios pecaminosos de controle e opressão; (3) costuma envolver um líder que aparenta fazer um grande trabalho para o reino de Deus (quando, na verdade, está construindo o próprio reino).

No entanto, apenas ter uma definição não resolve todos os nossos problemas. *Aplicar* a definição é a parte complicada. Nem tudo é abuso, de modo que temos de nos certificar de que não o confundamos com outros problemas ou práticas na igreja. Também seria trágico se as igrejas ou os membros transformassem todo conflito em um caso de abuso espiritual, fazendo acusações levianas e frívolas. Então, aqui estão algumas coisas que não são necessariamente consideradas abuso.

Ser antipático. Sejamos honestos, alguns pastores não têm os melhores modos. Eles podem ser grosseiros, imprevisíveis, distantes e aparentar ser indiferentes. Podem não se lembrar do seu nome nem procurá-lo para saber seus pedidos de oração. A inteligência relacional deles talvez seja baixa. Contudo, essas características, embora frustrantes e limitantes, não qualificam o comportamento abusivo.

Uma personalidade intimidadora. Há uma diferença entre intimidar as pessoas de maneira intencional, por meio de ameaças, ataques e assédio, e apenas ter uma personalidade intimidadora. Conheci muitos líderes cristãos que são cheios de dons e talentos, porém, ainda assim, projetam uma confiança que deixa os outros inseguros. Muitas vezes, não são do tipo caloroso que abraça todos ao redor. Por isso, muitas vezes são rotulados como intimidadores, mas isso não é o mesmo que ser abusivo.

Não se dar bem. Quando se trata das equipes da igreja, a mistura de personalidades, dons e abordagens pode contribuir para ambientes de trabalho complicados. Não é incomum que certas pessoas tenham um estranhamento e desenvolvam o hábito de discutir e brigar. Podem parecer um casal de idosos com dificuldades de se entender. Essas situações não necessariamente envolvem abuso. Ainda assim, se o pastor titular parece estar no centro de quase todos os conflitos, com um "rastro" de relacionamentos rompidos, é indispensável dar início a uma investigação mais minuciosa (mais a respeito disso no capítulo 7).

Magoar alguém por acidente. Diferentemente de muitos outros trabalhos, o chamado pastoral é cheio de interações incontáveis. Pastores passam grande parte de seu tempo lidando com pessoas e seus problemas. É inevitável que essas interações proporcionem oportunidades para que as pessoas se machuquem. Pastores podem fazer comentários insensíveis ou nocivos. Podem falhar em entrar em contato para dar continuidade a um acompanhamento ou se esquecer de fazer o que disseram que fariam. Portanto, grande parte do ministério pastoral é repleto de pedidos de desculpa e arrependimentos por essas falhas relacionais. Mas esses erros não são uma forma de abuso.

A realidade de que algumas pessoas podem ser sensíveis em excesso, sentindo-se magoadas a cada interação e a cada troca, pode exacerbar essas falhas dolorosas. No entanto, estar chateado não é, em si, prova de abuso.

Contudo, o padrão (ou a falta dele) é importante. Instâncias isoladas são uma coisa, mas, se um pastor tem a característica de prejudicar outras pessoas com suas palavras, pode haver um problema maior que deve ser investigado. Como ainda veremos, uma tática comum de alguns líderes abusivos é afirmar que seus acusadores são sensíveis demais — são somente produtos de uma cultura terapêutica vitimista. Então, embora não possamos dizer que algo é abuso somente porque a pessoa está magoada, também não podemos dizer que algo *não* é abuso somente porque alguém afirma que a vítima é muito sensível.

Confrontar os pecados das pessoas. Um dos aspectos mais desagradáveis do ministério pastoral é confrontar alguém a respeito de um pecado. Às vezes, as pessoas aceitam bem; às vezes, não. De qualquer modo, pode ser uma experiência exaustiva e cansativa. Entretanto, apenas apontar o pecado de alguém não é abuso. Apesar do que diz a nossa cultura pós-moderna, não é prejudicial ou abusivo defender os padrões de conduta bíblicos para a vida do povo de Deus.[81]

Dito isso, alguns esclarecimentos adicionais são necessários:

- Pastores podem ser abusivos na *maneira* de confrontar o pecado. Ainda que estejam corretos a respeito do pecado em si, alguns pastores são grosseiros, duros e agressivos na forma com que o abordam. Na verdade, minha pesquisa mostrou que muitos casos de abuso se dão *quando um pastor está confrontando o pecado*. Lembre-se de que esse muitas vezes é o caso de policiais abusivos. A força

[81] Para um exemplo, Philip Gulley, *If the Church Were Christian: Rediscovering the Values of Jesus* (São Francisco: HarperOne, 2010), afirma que acreditar em pecado original produz "abuso espiritual" (p. 40; cf. p. 30).

excessiva costuma ser usada quando uma pessoa cometeu um crime! Todavia, um membro da igreja não precisa ser inculpável e perfeito para evitar abuso.

- Alguns pastores se aproveitam de membros da igreja pegos em pecado porque sabem que as acusações deles não terão credibilidade. Em outras palavras, estão mais aptos a maltratar um membro quando este estiver vulnerável. Se esse pastor fosse acusado de comportamento abusivo, apenas teria de dizer: "Bem, você sabe quão difíceis as pessoas podem ser quando apontamos o pecado delas" e, assim, automaticamente teria o apoio dos presbíteros.
- Alguns pastores estão errados com relação ao pecado que confrontam. Muitas vezes, presumimos que, se um pastor confronta o pecado de alguém, deve estar certo a respeito. Em diversos dos casos que estudei, as afirmações do pastor sobre os membros estavam erradas. Abusadores às vezes usam acusações como um clube para intimidar as pessoas, ainda que não sejam verdadeiras. As acusações em si são uma forma de intimidação e controle. Ainda que haja alguma verdade no pecado, pastores abusivos têm interesse em exagerar no pecado das pessoas para que possam ter mais poder contra elas. Testemunhos que recebi de uma igreja no centro-oeste do país refletem esse padrão. O pastor abusivo era conhecido por se apressar em fazer acusações, muitas vezes com retórica inflada. Mas, quando essas situações foram examinadas de perto, tornou-se evidente que os acontecimentos não eram tão graves quanto retratados.

É importante compreender todas essas categorias para que não rotulemos (equivocadamente) cada instância de conflito relacional como abuso. Como Ken Blue advertiu, não queremos "transformar nossa preocupação com o abuso espiritual na caça às bruxas de Salém de nosso tempo".[82]

Isso posto, conselhos administrativos com uma postura defensiva com relação ao pastor podem adotar rápido demais uma das categorias mencionadas anteriormente sem levar as acusações de abuso a sério. Como a maioria dos conselhos *quer* encontrar uma explicação que não seja o abuso, podem oferecer com prontidão uma das já listadas. Então, as igrejas precisam estar abertas à possibilidade de abuso, e as queixas de abuso devem ser investigadas de maneira minuciosa e independente (mais sobre isso no capítulo 7).

Eis o que sabemos: o abuso espiritual não é tão objetivo quanto outras formas de abuso, por isso poucos pastores são responsabilizados.[83] Se um pastor teve um caso extraconjugal, essa situação é mais concreta do que se ele for um valentão narcisista. Infelizmente, alguns usarão essa característica do abuso espiritual como um motivo para rejeitá-lo por completo (ou ao menos tratá-lo com suspeita considerável). "É tudo muito subjetivo", podem argumentar. "Se reconhecermos essa categoria de abuso, isso levará a uma onda de acusações enganosas contra bons pastores. Antes que possamos fazer algo, as pessoas encontrarão pastores abusivos em todo lugar."

Todavia, pecados mais difíceis de identificar ainda são pecados. O orgulho pode ser um dos piores pecados. Ainda assim, é muito difícil provar que qualquer indivíduo seja orgulhoso. Contudo, se esses pecados difíceis de identificar podem desqualificar alguém do ministério (1Timóteo 3:3; Tito 1:7; 1Pedro 5:3; 2Timóteo 2:24), a igreja é obrigada a analisá-los, ainda que fazê-lo

---

82 Blue, *Healing Spiritual Abuse*, p. 13.

83 Oakley e Kinmond, *Breaking the Silence*, p. 66.

exija mais atenção e cuidado. Será que a igreja pode ignorar esses requisitos apenas porque são mais subjetivos do que outros? Pode-se argumentar que o aumento de igrejas destruídas por líderes opressivos ao longo da última década mostra que a igreja precisa melhorar nessa área. Ignoramos esses requisitos por nossa conta e risco.

CONCLUSÃO

Embora o termo "abuso espiritual" seja usado com frequência, muitas vezes permanece desconexo e indefinido. Trabalhei neste capítulo a fim de esclarecer um pouco dessa confusão. Além de apresentar uma definição positiva para abuso espiritual, também tive o cuidado de distingui-lo de outros comportamentos e práticas que possam ser problemáticas, mas não necessariamente se elevam ao nível de abuso.

Ter uma definição clara de abuso espiritual não somente nos ajuda a detectá-lo, como também nos ajuda a entender por que é tão destrutivo para aqueles que sofrem com ele. Esse comportamento abusivo é cometido pelo líder nomeado por Deus (um pastor), para fins nomeados por Deus (plantação de igrejas e expansão do evangelho), muitas vezes viabilizado pela instituição nomeada por Deus (a igreja e seus presbíteros), e usado contra o povo de Deus (os membros). Dessa forma, o abuso espiritual pode ser uma das práticas mais destrutivas que existem. É, com efeito, abuso espiritual infantil.

Ainda assim, temos de nos lembrar de que Deus antecipou esse problema. As Escrituras mostram não apenas que o comportamento abusivo está presente ao longo da história do povo de Deus, como também que Deus nos alertou contra esse mal de maneira clara e repetida. Portanto, é para as Escrituras que nos voltaremos agora.

TRÊS

UM JUGO PESADO SOBRE NÓS

Abuso espiritual e qualificações para o ministério

Ninguém causa maior dano à Igreja do que aquele que, tendo um título e uma posição que comportam santidade, vive uma vida corrupta.

— GREGÓRIO, O GRANDE

Dizem que poucas coisas são mais decepcionantes do que conhecer seu herói. Pensamos que sabemos como são (ou como devem ser) as celebridades, estrelas do esporte ou os atores famosos que admiramos. Com certeza, são gentis, engraçados e calorosos, assim como as personagens que representam nas telas. Contudo, muitas vezes essas expectativas são esmagadas por um comentário rude, uma porta batida na sua cara ou uma recusa grosseira a assinar um autógrafo. Assim, percebemos que nossas esperanças estavam depositadas no lugar errado.

Felizmente, a maioria de nós supera esse tipo de desilusão bem rápido. Afinal, muitas vezes temos baixo investimento emocional no fato de nosso atleta favorito ser imbecil. Mas o mesmo não acontece na igreja. O fato de nossos pastores serem ou não o tipo de pessoa que deveriam ser importa muito para nós. Claro, todo mundo é pecador e está destituído da glória de Deus, inclusive pastores. No entanto, a maioria das pessoas dá aos pastores liberdade para serem pessoas reais, com defeitos e tudo. Elas não estão em busca de alguém perfeito, mas de alguém *genuíno*. Em um mundo com líderes que às vezes são hipócritas cruéis, elas querem apenas uma razão — ainda que pequena — para ter esperança em algo.

Então, quando percebem que seus líderes são abusivos e opressivos, podem se sentir espiritualmente debilitadas e desiludidas de maneiras profundas e únicas. A pessoa que deveria representar Jesus é quase o oposto de Jesus, e isso faz as pessoas questionarem se essa coisa de cristianismo também seria uma fraude.

Como veremos, a presença de líderes abusivos não surpreende Deus. A história do povo de Deus está repleta deles. No entanto, o Senhor está disposto a nos alertar sobre eles, para que possamos tomar as medidas adequadas para proteger a igreja. O próprio Jesus passou um tempo considerável advertindo líderes que maltratavam as ovelhas de Deus. Portanto, voltemo-nos para algumas passagens bíblicas importantes para abordar este tema.

ABUSO ESPIRITUAL NO ANTIGO TESTAMENTO

Como vimos no capítulo 2, este livro trata do abuso espiritual em um "contexto eclesiástico". Desse modo, não devemos ficar surpresos com o fato de a maioria dos exemplos relevantes vir de passagens do Novo Testamento. Todavia, podemos observar formas semelhantes de liderança abusiva até no tempo do Antigo Testamento, quer nas mãos de reis, quer nas de sacerdotes ou outros líderes espirituais. Estabelecer esse pano de fundo nos lembra de que o abuso espiritual não é só um problema da igreja, mas um problema humano que afeta todas as eras.

No princípio

É justo começar onde todos os problemas da humanidade começaram, isto é, na Queda, no jardim do Éden. Antes de Adão e Eva pecarem, o mundo não era somente um lugar harmônico no aspecto físico — sem morte, enfermidades ou sofrimento; era também um lugar harmônico no aspecto relacional. Lemos: "O homem e a sua mulher estavam nus, mas não sentiam vergonha" (Gênesis 2:25).

É claro, as coisas não ficaram desse jeito. Após a rebelião deles, Deus emitiu seu julgamento sobre todo o mundo físico, o qual envolveu amaldiçoar a terra e multiplicar a dor do parto (Gênesis 3:16-18). Também proferiu julgamento sobre o mundo relacional, afetando de forma mais direta as únicas pessoas no planeta naquele tempo: Adão e Eva. Deus disse à mulher: "[...] Aumentarei em muito os seus sofrimentos na gravidez; com dor você dará à luz filhos. O seu desejo será para o seu marido, e ele a *governará*" (Gênesis 3:16, NAA, grifo na citação). O relacionamento uma vez harmonioso foi rompido. A expressão "governará" provavelmente se refere à tendência pecaminosa dos maridos de "dominar" a esposa.[84] Um papel legítimo de liderança se torna

[84] Derek Kidner, *Genesis* (Downers Grove, IL: IVP Academic, 2008), p. 76 [*Gênesis: introdução e comentário* (São Paulo: Vida Nova, 1979)].

uma arma quando é empunhado de maneira dura e dominadora — uma tendência que não terminaria em Adão e Eva.

Mais adiante, lemos a história de Abigail, cujo marido, Nabal, tinha as mesmas tendências autoritárias. Ele é descrito como "rude e mau em suas ações" (1Samuel 25:3), e ela parece viver com medo dele (1Samuel 25:36). Nos tempos do Novo Testamento, Paulo reconheceu que os maridos tinham essa tendência de liderança dominadora quando orientou: "Maridos, cada um de vocês deve amar a sua esposa e não deve tratá-la com amargura" (Colossenses 3:19).

Também temos de nos lembrar de que Adão não foi apenas o primeiro marido. Segundo Greg Beale, o jardim do Éden tinha paralelos notáveis com a forma e a função do templo de Israel.[85] De certo modo, então, o Éden foi o primeiro "templo arquetípico no qual o primeiro homem adorava a Deus".[86] Como consequência, o papel de Adão não era somente de marido, mas também de primeiro sacerdote-rei, o vice regente de Deus na terra.

Dessa maneira, a Queda teve implicações que vão além do relacionamento marido-esposa. Também teve implicações em como sacerdotes-reis governariam. Dali em diante, os maridos teriam de se guardar contra o domínio pecaminoso sobre a esposa, e os sacerdotes e reis teriam de se guardar contra o governo opressivo de seu povo. Infelizmente, grande parte da história de Israel seria caracterizada pelo fato de sacerdotes e reis cometerem esse exato erro.

---

[85] G. K. Beale, *The Temple and the Church's Mission: A Biblical Theology of the Dwelling Place of God* (Downers Grove, IL: InterVarsity Press, 2004) [*O templo e a missão da igreja: uma teologia bíblica sobre o lugar da habitação de Deus* (São Paulo: Vida Nova, 2021)].

[86] Beale, *The Temple and Church's Mission*, p. 66.

Um rei para governar sobre nós

Como acabamos de observar, a tendência à liderança autoritária não é limitada ao comportamento de maridos; é um perigo para qualquer um em posição de autoridade. Após os israelitas enfim chegarem à Terra Prometida, clamaram por um rei — não qualquer rei, mas um rei "à semelhança das outras nações" (cf. 1Samuel 8:5). O que isso significava? Significava que queriam um rei que governasse e fosse à "frente para combater nas [suas] batalhas" (1Samuel 8:20).[87] Em outras palavras, queriam o perfil típico e mundano de um líder: alguém forte, durão, enérgico e poderoso.[88] Preferiam ter um líder que derrotasse seus inimigos a um que cuidasse das ovelhas.

Deus, é claro, não se agradou desse pedido. Além de se tratar de uma rejeição ao próprio Deus (1Samuel 8:7), ele já tinha alertado Israel de que esse tipo de líder exerceria um reinado duro e abusivo: "Este será o direito do rei que governará sobre vocês: ele tomará os filhos de vocês [...]. Tomará as filhas de vocês [...]. Tomará de vocês o melhor das plantações [...] e vocês mesmos se tornarão servos dele" (1Samuel 8:11,13-17). Esses líderes não são do tipo que dá, mas do que tira.[89] Não se importam com as pessoas, apenas consigo mesmos.

A lição aqui é preocupante. Às vezes, o tipo de líder que o povo de Deus quer é o oposto do que precisa. Contudo, lições como essa só podem ser aprendidas da maneira difícil. Portanto, Deus concedeu o que pediram.

---

87 Ralph W. Klein, *1 Samuel*, Word Biblical Commentary (Waco, TX: Word, 1983), p. 78-79.

88 Bill T. Arnold, *1 & 2 Samuel*, NIV Application Commentary (Grand Rapids: Zondervan, 2003), p. 151-152.

89 Arnold, *1 & 2 Samuel*, p. 151.

Infelizmente, Israel continuaria a sofrer sob o governo de muitos reis abusivos. O mais notável, talvez, seja o relato do reinado de Roboão, filho de Salomão. O povo clamava a ele por alívio: "O teu pai pôs sobre nós um jugo pesado. Alivia agora o trabalho árduo e o jugo pesado que ele nos impôs, e nós serviremos a ti" (1Reis 12:4). Os sábios anciãos alertaram Roboão de que deveria liderar ao servir seu povo com bondade: "Se hoje fores um servo deste povo e servires a ele, dando-lhe uma resposta favorável, eles serão teus servos para sempre" (1Reis 12:7). O rei, porém, deu ouvidos aos jovens com quem havia crescido e "respondeu *asperamente*" ao povo, dizendo: "O meu pai tornou pesado o jugo de vocês; eu o tornarei ainda mais pesado. O meu pai os castigou com simples chicotes; eu os castigarei com escorpiões" (1Reis 12:13-14, grifo na citação).

É difícil imaginar um retrato mais nítido de uma liderança dura e autoritária.[90] Em vez de um pastor gentil, Israel tinha um capataz grosseiro e opressivo. É como se tivesse o joelho no pescoço de Israel. E, por fim, o comportamento de Roboão levou Israel à guerra civil e, como consequência, à divisão do reino.

Pastores de Israel

Deus ama seus filhos. E, como todo bom pai, ele se entristece quando não são bem tratados. Em Ezequiel 34, Deus repreende de modo contundente os "pastores de Israel" — uma referência aos diversos líderes do povo, em especial a governantes civis (reis), mas provavelmente também a governantes espirituais (sacerdotes e levitas). O papel de um pastor era muito conhecido no mundo

---

[90] August H. Konkel, *1 & 2 Kings*, NIV Application Commentary (Grand Rapids: Zondervan, 2006), p. 241.

antigo; era, antes de tudo, de proteção e cuidado pelas ovelhas.[91] E essa atividade exigia grande sacrifício do pastor.

De maneira notável e trágica, esses maus pastores de Israel haviam revertido os papéis por completo. Em vez de oferecer proteção e cuidado para as ovelhas, proporcionavam-nos a si mesmos. Em vez de dar a própria vida como sacrifício, sacrificavam a vida das ovelhas. Pode-se dizer que eram o exemplo perfeito de abuso espiritual. Conforme Timothy Laniak observou, essa passagem é um "retrato das ovelhas que são abusadas por aqueles encarregados a cuidar delas".[92]

A repreensão de Deus a esses pastores tem duas partes: pecados de *omissão* (o que os pastores não fizeram, mas deveriam) e pecados de *comissão* (o que os pastores fizeram, mas não deveriam).[93] Em termos de omissão, os pastores não alimentavam as ovelhas (v. 3), não curavam as doentes e feridas (v. 4) e não buscavam as dispersas (v. 4). Em termos de comissão, os maus pastores alimentavam a si mesmos (v. 2), vestiam a si mesmos (v. 3) e dominavam as ovelhas "com dureza e brutalidade" (v. 4). A última expressão é típica de pastores abusivos. Eles não somente falharam em cuidar das ovelhas; em vez disso, seu estilo de liderança autoritária e opressiva as feria. Novamente, segundo Laniak, "Os detalhes desse relato expressam quão extremo o abuso se tornara".[94]

---

[91] Daniel I. Block, *The Book of Ezekiel: Chapters 25-48*, New International Commentary on the Old Testament (Grand Rapids: Eerdmans, 1998), p. 279-283 [*Ezequiel*: *Volume 2*, Comentários do Antigo Testamento (São Paulo: Cultura Cristã, 2019)].

[92] Timothy S. Laniak, *Shepherds After My Own Heart: Pastoral Traditions and Leadership in the Bible* (Downers Grove, IL: InterVarsity Press, 2006), p. 151.

[93] Block, *Book of Ezekiel*, p. 283-284.

[94] Laniak, *Shepherds After My Own Heart*, p. 152.

Alguns versículos adiante, Deus resume sua queixa: "[...] o meu rebanho ficou sem pastor, foi saqueado e se tornou comida de todos os animais selvagens, [...] os meus pastores [...] cuidaram de si mesmos em vez de cuidarem do rebanho" (v. 8).

No entanto, diferentemente das passagens anteriores que descreviam a liderança abusiva, essa passagem termina em tom redentor. Deus faria algo a respeito dos maus pastores: "Estou contra os pastores [...]. Livrarei o meu rebanho da boca deles [...]" (v. 10). Como ele o faria? Ao enviar novos pastores? Não, ao vir como o Bom Pastor: "Eu mesmo tomarei conta das minhas ovelhas e as farei deitar e repousar, declara o Soberano Senhor" (v. 15).

Com essa promessa em mente, as palavras de Jesus ganham um novo significado: "Eu sou o bom pastor. O bom pastor dá a sua vida pelas ovelhas" (João 10:11). Jesus declara que ele é o Senhor Deus mantendo a promessa de Ezequiel 34 de pastorear seu povo. E ele fará o oposto do que os maus pastores de Israel fizeram. Eles salvaram a própria vida às custas do rebanho, enquanto Jesus salvará seu rebanho à custa da própria vida.

Outras passagens do Antigo Testamento também antecipam a vinda de Cristo como o novo e melhor pastor. Em Jeremias 23, Deus alerta os maus pastores outra vez: "Ai dos pastores que destroem e dispersam as ovelhas do meu pasto! [...]" (v. 1). Eles maltrataram as ovelhas da mesma forma: "[...] Vós dispersastes as minhas ovelhas, e as afugentastes, e delas não cuidastes [*pāqad*] [...]" (v. 2, ARA). Mas, então, em um jogo de palavras curioso, Deus promete cuidar deles em julgamento: "[...] mas eu cuidarei [*pāqad*] em vos castigar a maldade das vossas ações" (v. 2, ARA).

No entanto, Deus faz mais do que julgar os maus pastores. Ele também promete outra vez que fará algo para consertar as coisas.

Ele enviará um pastor novo e melhor: "'Dias virão', declara o SENHOR, 'em que levantarei para Davi um Renovo justo, um Rei que reinará com sabedoria e fará o que é justo e direito na terra'" (v. 5). Em outras palavras, ele será um pastor justo e bom para o povo. Quem é o Renovo justo de Davi? Ninguém menos que Jesus, o Messias, o "Filho de Davi" (cf. Mateus 9:27).

Ele não os repreendeu

Quando alguém pensa a respeito dos maus pastores da nação de Israel, há uma história que talvez se destaque mais do que as outras: Hofni e Fineias. Esses dois filhos de Eli eram sacerdotes na casa de Deus, encarregados de conduzir a adoração. Em vez disso, lemos que eles eram "perversos" e "se deitavam com as mulheres que serviam junto à entrada da tenda do encontro" (cf. 1Samuel 2:12,22). Ou seja, eram pastores que abusavam sexualmente de suas ovelhas.

Não era, entretanto, somente abuso sexual. Hofni e Fineias também abusavam de sua posição como sacerdotes ao tomar para si as melhores carnes em vez de oferecê-las ao Senhor (1Samuel 2:14-15).[95] Como Ezequiel 34 descreveu, esses pastores estavam ocupados alimentando a si mesmos em vez de alimentar as ovelhas. Provavelmente isso fosse algo que seu pai Eli já estivesse fazendo havia anos, visto que lemos que Eli estava muito acima do peso por "engordar" a si mesmo e aos filhos com a melhor parte dos sacrifícios (1Samuel 2:29, 4:18, NAA).

E piora. O indivíduo que levava o sacrifício às vezes contestava o mau comportamento de Hofni e Fineias ao reconhecer que

---

95 Klein, *1 Samuel*, p. 25.

havia algo errado e resistia em dar a melhor carne aos sacerdotes, não ao Senhor. E o que eles faziam em resposta? O servo dos filhos de Eli o ameaçava: "Não. Entregue a carne agora. Senão, eu a tomarei à força" (1Samuel 2:16b).

Vemos que o problema com Hofni e Fineias não consistia somente no abuso sexual, mas também no que temos chamado de *abuso espiritual* (muitas vezes, os dois caminham lado a lado). Eles eram pastores que oprimiam as ovelhas; intimidavam-nas para conseguir o que queriam. Até tinham servos que os ajudavam a fazer o trabalho sujo.

É compreensível que Deus estivesse irado com esses maus pastores: "[...] o SENHOR queria matá-los" (1Samuel 2:25). O que é notável é que Deus também responsabilizou Eli pelo mau comportamento de Hofni e Fineias. Mais adiante, encontramos o julgamento divino sobre Eli: "Porque eu já disse a ele que julgarei a sua casa para sempre, pela iniquidade que ele bem conhecia, porque os seus filhos trouxeram maldição sobre si, *e ele não os repreendeu*" (1Samuel 3:13, NAA, grifo na citação).

Aqui vemos um princípio de importância crítica: Deus não responsabilizará apenas os maus pastores, como também aqueles que os protegem e permitem que ajam de tal maneira. Esse é um alerta sério para todas as igrejas e os conselhos que as regem. Aqueles que apoiam maus líderes e fecham os olhos para seu comportamento abusivo um dia terão de prestar contas pelas próprias ações.

Contudo, como Ezequiel mostrou, os israelitas tinham um motivo para continuarem esperançosos. Deus um dia enviaria o Bom Pastor para cuidar de seu povo. Cristo, porém, sabia que a inclinação à liderança abusiva ainda seria um perigo mesmo após sua vinda. Agora, voltemo-nos para algumas passagens do Novo

Testamento que apresentam advertências mais claras contra a liderança autoritária e espiritualmente abusiva.

ABUSO ESPIRITUAL NO NOVO TESTAMENTO

Ao voltarmos nossa atenção para o Novo Testamento, descobrimos passagens sobre liderança opressiva cuja aplicação é mais imediata à igreja de hoje. O próprio Jesus dedicou muito tempo às críticas aos maus líderes de Israel no primeiro século e a chamar seus discípulos a uma melhor forma de liderança servil. De igual modo, nas cartas de Paulo e Pedro, as qualificações para ministros são abordadas repetidas vezes, demonstrando que líderes cristãos devem ser brandos, humildes e bondosos.

Entre vocês, porém, será diferente

O ambiente do primeiro século no qual Jesus viveu com certeza teve sua porção de líderes duros e abusivos. O próprio nascimento de Jesus aconteceu durante o reinado do tirânico Herodes, o Grande. Como nos mostra o Evangelho de Mateus, Herodes estava disposto a matar crianças inocentes para proteger sua própria autoridade (Mateus 2:16-18). Essas ações se encaixam com o que sabemos a respeito do monarca com base em outras fontes, que nos dizem que ele também executou membros da própria família.[96]

Não é surpresa, portanto, que alguns judeus daquele tempo tivessem um modelo de liderança voltado para o lado mais bruto c autoritário do espectro. Jesus diz isso em Mateus 23, ao confrontar a liderança opressiva dos fariseus: “Eles atam fardos pesados e colocam sobre os ombros dos homens” (v. 4a). Dois dos discípulos

---

[96] Josephus, *Ant.* 15-18.

de Jesus, Tiago e João, também pareciam não entender como a autoridade funciona. Embora não haja indicação de que buscavam ser pequenos Herodes, por assim dizer, fizeram um pedido um tanto quanto audacioso a Jesus, como vemos no capítulo 1: "[...] Permite-nos que, na tua glória, nos sentemos um à tua direita e o outro à tua esquerda" (Marcos 10:37).

Não precisamos de muito esforço para imaginar o que estaria passando na mente deles. Se Jesus era o Messias prometido, o herdeiro do trono de Davi, isso significava que ele seria o futuro rei judeu.[97] E, sem dúvida, seria um reino de esplendor e grandeza como nenhum outro. Tiago e João apenas queriam reservar seu lugar de poder nesse futuro reino messiânico.[98] Em essência, reivindicaram os dois melhores assentos que alguém poderia ter (além do de Jesus).

Em resposta a esse pedido pelos lugares de poder e autoridade, Jesus os lembrou de que estavam pensando na liderança de maneira pagã (não cristã): "[Os] governantes das nações as *dominam*, e as pessoas importantes exercem autoridade sobre elas" (Marcos 10:42, grifo na citação). A palavra em destaque aqui é *katakurieuō* — "dominar" —, a mesma palavra que Pedro usou quando repreendeu pastores opressivos em 1Pedro 5:3 (mais sobre isso ainda neste capítulo).[99] Ou seja, Jesus entendia que aqueles em posição de autoridade estão propensos a dominar aqueles a quem lideram.

---

97 R. T. France, *The Gospel of Mark* (Grand Rapids: Eerdmans, 2002), p. 415-416.

98 Robert H. Stein, *Mark*, Baker Exegetical Commentary on the New Testament (Grand Rapids: Baker Academic, 2008), p. 484 [*Comentário exegético: Marcos* (São Paulo: Vida Nova, 2022)].

99 France, *Mark*, p. 419.

Em seguida, vem o ponto principal: "*Entre vocês, porém, será diferente*. Quem quiser ser o líder entre vocês, que seja servo, e quem quiser ser o primeiro entre vocês, que se torne escravo de todos" (Marcos 10:43-44, NVT, grifo na citação). Jesus abordou a questão da autoridade abusiva, mas não da forma que talvez esperássemos. Ele não disse: "A solução aqui é eliminar todos os cargos de autoridade, e então não existirá mais abuso." Não, Jesus evocou uma recalibração radical no modo como a autoridade é empregada. Se alguém quer ser o "primeiro" ou ser "grande", não deve subir a escada do poder para conseguir os melhores lugares. Tampouco convocar fogo do céu sobre dissidentes. Em vez disso, tem de se tornar um "servo" ou "escravo" — as duas posições mais baixas da sociedade.

A palavra traduzida por "servo" (*diakonos*) é particularmente intrigante em razão da fluidez de sua aplicação. Embora às vezes seja usada com relação a servos domésticos (por exemplo, João 2:5,9), bem como para o ofício de diácono (1Timóteo 3:8,12), também é traduzida com frequência por "ministro" (por exemplo, 1Coríntios 3:5; Efésios 3:7; 6:21; Colossenses 1:7), bem como na descrição de Paulo de seus trabalhos (2Coríntios 3:6; Efésios 3:7; Colossenses 1:23). A natureza dessa palavra sugere que um ministro cristão deveria ser caracterizado por uma conduta de servidão. Essa conexão não é feita pela maioria das igrejas modernas, que esperam qualidades de servo de seus diáconos, mas não dos pastores e presbíteros.

Parte do motivo para essa expectativa é que a palavra traduzida por "ministro" não deixa tão evidente a conexão com a servidão (o leitor teria de saber grego). Para captar melhor o aspecto de serviço, seria bom que os pastores usassem um título diferente (pelo menos na própria mente). Em vez de algo como *pastor sênior*, sugiro algo como *ministro servo*. Esses títulos comunicam aspectos bem diferentes do ofício.

Se alguém deseja saber como é um ministro servo — em contraste com os modelos autoritários que o mundo proporciona —, é necessário considerar apenas as últimas palavras de Jesus a Tiago e João nesse episódio: "Pois nem mesmo o Filho do homem veio para ser servido, mas para servir e dar a sua vida em resgate por muitos" (Marcos 10:45). Portanto, uma vida de ministério servil não é uma vida de ganho. É uma vida de morte. Não é uma vida de poder e posição, e sim de humildade e sacrifício. Queremos reinar em um trono, porém Jesus nos pede para servir em uma cruz. Como João Calvino afirmou: "Cristo designa pastores de sua igreja não para *governar*, mas para *servir*."[100]

Talvez, se disséssemos a futuros ministros essa definição de ministério, eles pensassem duas vezes antes de seguir esse chamado. E talvez esse seja justamente o filtro de que precisamos para peneirar aqueles que não são adequados para o ministério pastoral. Na realidade, as pessoas mais ávidas por uma vida de poder e prestígio são aquelas que correm o perigo de se tornarem pastores abusivos.

Manso e humilde

Os autores do Novo Testamento estavam plenamente cientes da questão do abuso espiritual. Na longa lista de Paulo de qualificações para ministros, ele faz questão de mencionar que o bispo não

---

[100] John Calvin, *Commentary on a Harmony of the Evangelists, Matthew, Mark, and Luke, Vol. 1*, trad. William Pringle (Grand Rapids: Baker, 1993), p. 424 (grifo no original) [João Calvino, *Harmonia dos Evangelhos*, Série Comentários Bíblicos (São José dos Campos: Fiel, 2022)].

deve ser "violento, mas sim gentil" (1Timóteo 3:3; cf. Tito 1:7). Embora a princípio essa qualificação pareça se referir somente ao abuso físico, a palavra grega para "violento" (*plēktēs*) é abrangente. O léxico grego de Louw e Nida a define como "uma pessoa que é belicosa e rigorosa; 'valentão'".[101] A versão Holman Christian Standard Bible (HCSB) compreende esse sentido em sua tradução: "não um valentão, mas gentil".[102]

O ministro da igreja de Cristo não deve ser alguém que alcança objetivos ao manipular ou intimidar, ou com um espírito rigoroso. Em outras palavras, uma pessoa espiritualmente abusiva está desqualificada para exercer o ministério pastoral.

Além de compreender o que Paulo proíbe, temos de entender o que ele determina que seja feito. Em vez de ser violento, um ministro deve ser conhecido como alguém gentil. Esse não é um traço popular em nosso mundo hoje em dia. Você encontrará diversos livros na seção de autoajuda sobre como ser mais ousado, assertivo ou proativo. Contudo, terá dificuldade de encontrar qualquer um designado a ensiná-lo a ser gentil. Nenhuma empresa está à procura de um novo CEO com a gentileza como principal característica.[103] E, se uma igreja anuncia a chegada de um pastor sênior gentil, não é provável que multidões se reúnam para ouvi-lo.

---

[101] Johannes P. Louw e Eugene A. Nida, *Greek-English Lexicon of the New Testament: Based on Semantic Domains* (Nova York: United Bible Societies, 1989), 88.137 (p. 757) [*Léxico grego-português no Novo Testamento baseado em domínios semânticos* (Barueri: SBB, 2013)].

[102] Veja a discussão em William D. Mounce, *Pastoral Epistles*, Word Biblical Commentary (Nashville: Thomas Nelson, 2000), p. 176.

[103] Johannes Brunzel, "Overconfidence and Narcissism among the Upper Echelons: A Systematic Literature Review", *Management Review Quarterly* 71 (2021): 585-623, https://doi.org/10.1007/s11301-020-00194-6.

Ainda assim, Paulo acreditava que a gentileza importa muito. Sem dúvida, parte da razão para essa qualificação é que essa característica marcava o Bom Pastor, o próprio Jesus. Jesus descreveu a si mesmo como "manso e humilde" e declarou: "[...] o meu jugo é suave, e o meu fardo é leve" (Mateus 11:29-30). Essa imagem contrasta com a dos maus líderes de Israel que impunham um "jugo pesado" sobre o povo (cf. 1Reis 12:4). Jesus não é violento e abusivo, mas paciente e gentil. Ele não é belicoso e rigoroso, mas longânimo e modesto.

Afirmar que Jesus é gentil é afirmar que ele não é "violento, reacionário ou facilmente exasperado. Ele é a pessoa mais compreensiva no universo".[104] Ele não impõe pré-requisitos ou exigências penosos sobre as pessoas — jugos pesados. Ou, no evangeliquês, Jesus é cheio de graça (João 1:17). E a palavra "humilde" é a mesma que aparece em Tiago 4:6.[105] Apesar da glória e do esplendor de Jesus, ele não se separa dos pecadores com ar de arrogância e orgulho. Ele não tem guarda-costas ou carros particulares; pelo contrário, é acessível e alguém com quem podemos nos identificar. Nada demonstra sua humildade melhor do que o episódio em que literalmente se vestiu de servo e lavou os pés de seus discípulos (João 13:4-11).

É difícil encontrar duas palavras mais opostas às características de um pastor abusivo, e esse é o exato motivo pelo qual tais pastores deveriam ser desqualificados do ministério. Pastores abusivos não têm gentileza, compaixão e compreensão. Eles colocam jugos

---

[104] Dane Ortlund, *Gentle and Lowly: The Heart of Christ for Sinners and Sufferers* (Wheaton, IL: Crossway, 2020), p. 19 [*Manso e humilde: o coração de Cristo para quem peca e para quem sofre* (Rio de Janeiro: Thomas Nelson Brasil, 2021)].

[105] Ortlund, *Gentle and Lowly*, p. 19.

enormes nas costas das pessoas, são críticos em excesso e quase nunca estão satisfeitos. Além disso, em vez de serem humildes, são conhecidos por sua arrogância, convencidos de que eles (e sua igreja) são especiais. Nem todos pastores exibem seu orgulho. No entanto, ainda que esteja apenas na mente, eles de fato se veem como superiores, por isso não aceitam críticas ou correção.

Paulo combinou essas duas qualificações para o ministério pastoral em um único versículo, o que é conveniente para nós. Ele escreveu: "Por ser encarregado da obra de Deus, o bispo deve ser [...] *não arrogante*, [...] *não violento* [...]" (Tito 1:7, grifo na citação). É como se Paulo tivesse baseado as qualificações para o ministério no próprio Jesus. Se uma pessoa não é mansa e humilde, mas violenta e arrogante, não deve pastorear.

É claro, dizer que um pastor deve ser manso não é dizer que isso é tudo que ele deve ser. Ninguém está sugerindo que os pastores não são nada além de mansos. Às vezes, líderes cristãos têm de ser ousados e corajosos, ou mesmo firmes e diretos, em especial conforme batalham pela verdade em um mundo hostil (Josué 1:18; 2Coríntios 10:5-6). O problema é que mais e mais igrejas parecem preferir apenas essas últimas características. Se elas têm um modelo de liderança, é o de Jesus derrubando as mesas, não abraçando as criancinhas.

Exemplos sacrificiais

Quando se trata das qualificações para o ministério pastoral, Pedro tem a própria lista para oferecer. Ele também reconhece que alguns líderes são atraídos por um estilo de liderança abusivo: "[...] pastoreiem o rebanho de Deus [...]. Não façam isso por ganância, mas com o desejo de servir. Não ajam como dominadores dos que foram confiados a vocês, mas como exemplos para o rebanho" (1Pedro 5:2-3).

Assim como Paulo identificou duas tendências negativas de liderança que muitas vezes caminham lado a lado (arrogância e violência), Pedro menciona mais duas: *liderar para o próprio benefício* e *liderar de modo dominador*.

O apóstolo prepara o terreno para a primeira característica negativa ao lembrar sua audiência da tarefa primária de um presbítero: "pastoreiem o rebanho de Deus". Sem dúvida, essa linguagem evocaria as muitas passagens do Antigo Testamento nas quais Deus criticou os pastores de Israel por sua falta de cuidado com as ovelhas. E qual é a queixa consistente de Deus? Como visto anteriormente, ele disse aos maus pastores: "[Vocês] só cuidam de si mesmos! Acaso os pastores não deveriam cuidar do rebanho?" (Ezequiel 34:2). Em outras palavras, a marca de um mau pastor é que ele só se importa consigo mesmo. Pedro aborda essa questão e alerta sua audiência de que os pastores não devem ser motivados pela "ganância".

Até os pais da igreja notaram esse problema de ganância entre ministros. João Crisóstomo lembrou seus leitores de que, se Paulo

> "fez mais do que Deus lhe ordenou e nunca buscou nenhum benefício para si mesmo, mas apenas para aqueles sob sua direção, estava sempre em temor, porque mantinha em vista a magnitude de sua responsabilidade, o que será de nós, que com frequência buscamos nossos próprios benefícios?[106]

[106] John Chrysostom, *Six Books on the Priesthood*, trad. Graham Neville, Popular Patristics Series (Crestwood, NY: St Vladimir's Seminary Press, 2002), 3.7

Em diversos casos de abuso espiritual, há um padrão de autoproteção e ganância por parte do pastor abusivo. Não é necessariamente desejo por ganho monetário, embora às vezes esse seja o caso. Além das estratégias de intimidação de James MacDonald, ele foi acusado de realizar gastos excessivos para si e para sua família.[107] Contudo, para a maioria dos pastores abusivos, a ganância visa a controle e poder. Sentar-se no topo do próprio império é intoxicante — de modo que não permitirá que ninguém o tire dele sem uma luta das feias. Essa era a queixa de Jesus contra a liderança abusiva dos fariseus: "[Eles] amam os lugares de honra nos banquetes, os assentos mais importantes nas sinagogas, as saudações nas praças [...]" (Mateus 23:6-7).

A primeira qualidade negativa — exercer o ministério para o próprio ganho — leva à segunda. Se alguém está motivado a proteger seu poder e autoridade, isso naturalmente leva a estar disposto a dominar seu rebanho. Pedro usa a mesma palavra grega (*katakurieuō*) que Jesus usou em Marcos 10:42. Pedro, assim como Jesus e Paulo, reconheceu que alguns aspirantes a presbíteros são rápidos em esmagar e pisar naqueles que estão sob sua liderança. Por isso, o apóstolo afirma que homens gananciosos e dominadores não devem ser presbíteros.

Pedro, porém, não para por aí. Em vez de apenas mencionar duas características negativas que desqualificam um presbítero, ele também menciona duas características positivas que este *deve* ter. Primeiro, em lugar de pastorear tendo em vista o próprio

---

[João Crisóstomo, *Os seis livros do sacerdócio* (São Paulo: Cultor de Livros, 2022)].

107 Julie Roys, "Hard Times at Harvest", *World*, 13 de dezembro de 2018, https://world.wng.org/2018/12/hard_times_at_harvest.

ganho, eles têm de pastorear "com desejo" (*prothumōs*) de servir. Esse termo foi usado ao longo da história para descrever líderes cívicos que sacrificavam seu tempo e dinheiro para o bem da cidade a que serviam.[108] Portanto, refere-se a alguém com desejo de sacrificar a própria vida em favor de outros. Ou, como em outras versões, "de boa vontade".

A segunda característica positiva também é de suma importância. Em vez de dominar, os presbíteros piedosos lideram "como exemplos para o rebanho" (v. 3). Liderar pelo exemplo é o oposto de liderar à força. Em lugar de intimidar, manipular e oprimir as pessoas, o pastor piedoso lidera ao demonstrar a maneira certa. Em outras palavras, ele não fica por *trás* das ovelhas, estalando o chicote, mas vai *à frente* das ovelhas como um exemplo a ser seguido.

É certo que, se um pastor lidera pelo exemplo, sua principal preocupação não pode ser controlar o comportamento de outras pessoas, mas o seu. Sua própria santidade é primordial. Assim, Pedro diz o mesmo que Paulo: caráter importa mais do que dons e talentos.

Amável para com todos

Em todos os casos de abuso espiritual sobre os quais li, havia uma palavra que as vítimas nunca usavam para descrever um pastor abusivo: *amável*. Eles podem ser muitas outras coisas — animados, poderosos, convincentes, inspiradores —, porém não são conhecidos pela amabilidade. Paulo, no entanto, está convencido

[108] Karen H. Jobes, *1 Peter*, Baker Exegetical Commentary on the New Testament (Grand Rapids: Baker Academic, 2005), p. 305 [*Comentário exegético: 1Pedro*, 2. ed. (São Paulo: Vida Nova, 2024)].

de que esse atributo é um requisito para aqueles que exercem o ministério: "Ao servo do Senhor não convém brigar, mas sim ser *amável* para com todos" (2Timóteo 2:24a, grifo na citação).

A amabilidade é uma das virtudes mais negligenciadas do ministro cristão. Ela envolve um espírito de generosidade e ternura para com outro ser humano, ainda que não seja merecido ou recíproco. Portanto, um coração amável almeja fazer o bem ao próximo sem expectativa de obter algo em troca. Dessa maneira, a amabilidade reflete a essência do evangelho. Jesus foi amável para conosco, embora não merecêssemos. Então, somos chamados a ser amáveis para com os outros: "Sejam bondosos e compassivos uns para com os outros, perdoando-se mutuamente, como Deus os perdoou em Cristo" (Efésios 4:32).

Algo que torna a amabilidade tão poderosa é que nem sempre a esperamos de nossos líderes. Esperamos que sejam inteligentes e talvez eloquentes, mas não amáveis. Essa ideia foi defendida pela série *Ted Lasso*, de 2020, transmitida pela Apple TV+. A comédia registra a jornada de um caloroso treinador de futebol americano, Ted Lasso, interpretado por Jason Sudeikis, que é contratado para treinar um time de futebol no campeonato inglês — apesar de nunca ter jogado (ou, aparentemente, assistido) o esporte. Além dos momentos hilários, e são muitos, o que mais se destaca em Ted Lasso é sua impressionante *amabilidade* para com todos ao seu redor. Ele é atencioso, respeitoso e focado nos outros. Leva presentes, lembra-se de aniversários e busca pequenas formas de cuidar das pessoas.

A questão é a seguinte: sua amabilidade *surpreende* a todos no time por completo. Isto é o que mais me chamou a atenção quando assisti à série: *as pessoas não esperam amabilidade de seus líderes*.

Pode ser que esperemos que sejam confiantes, focados, resilientes e determinados. E talvez nem fiquemos surpresos se forem um pouco egocêntricos. Mas não esperamos que sejam amáveis. Que triste.

É válido ressaltar que a palavra grega para "amável" (*ēpios*) aqui em 2Timóteo também pode ser traduzida por "gentil" ou "bondoso".[109] Então, temos mais uma passagem, além de 1Timóteo 3:3 e Tito 1:7, na qual o tema da gentileza é fundamental. Por que esse atributo aparece repetidas vezes em discussões sobre qualificações para o ministério pastoral? Porque a gentileza é o atributo principal de Jesus. Além disso, é o oposto de ser um valentão abusivo.

Nossa compreensão de amabilidade é complementada ao olhar para a característica negativa que Paulo associa a ela. A nós, convém ser amáveis, não "brigar" (2Timóteo 2:24). Em essência, esse termo (*machomai*) se refere a desavenças verbais que levam ao pecado de ferir outra pessoa (Tiago 4:2). Paulo está dizendo que um presbítero da igreja de Cristo não deve ser verbalmente cruel para com as pessoas — um dos traços que definem pastores abusivos. Essa proibição contra as brigas não descarta discordância, debates ou até trocas teológicas vigorosas. Contudo, descarta linguagem ou comportamento depreciativo, ríspido ou ofensivo.

CONCLUSÃO

Este capítulo apresentou um panorama amplo do tema abuso espiritual na Bíblia. Partindo do jardim do Éden, passando pelos reis de Israel e por fim analisando o papel de pastores no Novo

---

[109] Mounce, *Pastoral Epistles*, p. 535.

Testamento, vemos que sempre existiram líderes opressivos, autoritários e dominadores. Dessa forma, o abuso espiritual é claramente uma categoria bíblica, ainda que o termo em si não seja usado. Além disso, como a nação de Israel, às vezes *pedimos* por líderes assim, sem saber que o jugo seria pesado sobre nós.

No que diz respeito a pastores da igreja de Cristo, porém, esse estilo abusivo de liderança é inviável. De Jesus a Paulo e a Pedro, vemos diversos contrastes importantes a respeito de como um líder cristão deve ser:

- Não dominador, mas servo (Marcos 10:43-44);
- Não violento, mas gentil (1Timóteo 3:3; cf. Tito 1:7);
- Não ganancioso, mas com desejo de servir (1Pedro 5:2);
- Não dominador, mas um exemplo (1Pedro 5:3);
- Não briguento, mas amável (2Timóteo 2:24).

Quando vemos todos esses atributos juntos, enfrentamos uma conclusão inescapável e muito preocupante: muitas igrejas têm procurado o tipo errado de líderes. Pode-se até dizer que os atributos proibidos da lista são exatamente os que algumas igrejas toleram em seus líderes. Em vez disso, temos de procurar pastores que sejam servos humildes, amáveis e gentis.

Talvez haja um lado bom no que diz respeito à questão do pastor abusivo. Com o enorme rastro de relacionamentos rompidos evidentes em nossas igrejas, tenhamos a esperança de que enfim perceberemos que uma mudança na trajetória é uma necessidade urgente.

QUATRO

UM CAMPO DE ESCOMBROS

Por que as igrejas não param líderes abusivos?

Monstros são reais [...]. Vivem dentro de nós e, às vezes, vencem.

— STEPHEN KING

Na ficção científica de 1986 dirigida por James Cameron, *Aliens*, a personagem principal, Ripley (interpretada por Sigourney Weaver), descobre uma garotinha chamada Newt, a última sobrevivente da colônia humana no planeta LV-426. Os pais da menina e todos a quem ela conhecia foram exterminados pelas horripilantes criaturas alienígenas. Quando a garotinha traumatizada enfim começou a falar, ela fez a Ripley este perspicaz e trágico questionamento: "Minha mãe sempre dizia que não existiam monstros, mas existem. [...] Por que, então, mentem para as crianças?"[110]

---

[110] *Aliens, o resgate*, dirigido por James Cameron (Brandywine Productions, 1986).

As crianças têm facilidade em ir direto ao ponto e fazer perguntas que os adultos preferem evitar. Se existem pessoas ruins no mundo, por que fingimos que não existem? Acredito que provavelmente responderíamos da mesma forma que Ripley fez no filme: "Quase sempre é verdade." Em outras palavras, como a maioria das pessoas é boa, não pensamos nas poucas exceções.

Algumas igrejas têm essa mentalidade sobre o abuso espiritual: como pastores espiritualmente abusivos são raros, não falemos sobre isso; basta fingir que não existem. O problema, é claro, é que eles existem. Como Jesus ensinou, às vezes, as pessoas que aparentam ser os mocinhos na verdade são os vilões: "Tenham cuidado com os falsos profetas. Eles vêm a vocês vestidos de peles de ovelhas, mas por dentro são lobos devoradores" (Mateus 7:15).

Dito de outra maneira: fique atento aos monstros.

Agora, pode ser que alguns repudiem a aplicação do termo "monstro" em referência a pastores abusivos. "Com certeza, não são tão ruins", podem dizer. "Esse termo não é extremo?" Bem, se alguém prefere "lobos devoradores", tudo bem (embora eu não tenha certeza de que exista uma diferença tão expressiva).[111] No entanto, estou usando o termo "monstro" de

[111] Existe uma discussão recorrente a respeito de se os "lobos devoradores" sabem ou não que são "lobos devoradores". Em outras palavras, um pastor abusivo teria de saber que está sendo abusivo para receber tal descrição? (Veja Lisa Oakley e Justin Humphreys, *Escaping the Maze of Spiritual Abuse: Creating Healthy Christian Cultures* [Londres: SPCK, 2019], p. 113-115.) Contudo, não vejo razão bíblica pela qual o termo deva ser reservado apenas para aqueles que estão plenamente cientes do que estão fazendo; muitas vezes, lobos são enganados pelas próprias ações e identidade. É claro, há uma escala aqui. Alguns estão mais cientes do que outros, o que certamente aumenta a culpabilidade destes.

maneira específica — a saber, para me referir à realidade de que pastores abusivos costumam ter dois lados, como a personagem principal de *O médico e o monstro*, famoso romance de Robert Louis Stevenson. Um lado é caloroso e gentil (o qual a maioria das pessoas conhece), e o outro é cruel e sombrio (o qual somente as vítimas veem). Bem como no romance de Stevenson, a maioria não consegue aceitar o fato de que a mesma pessoa pode ter os dois.

Isso nos leva ao assunto deste capítulo. Se vamos abordar a questão de pastores espiritualmente abusivos — os srs. Hyde de nosso meio, por assim dizer —, é melhor admitirmos que eles existem e aprender como identificá-los. Contudo, e aqui está a triste realidade, parece que as igrejas não são muito boas nisso. Elas são, na verdade, péssimas em capturar monstros.

História após história de abuso, os mesmos eventos trágicos acontecem. O pastor tem comportamento destrutivo por anos até alguém finalmente ter coragem de falar a respeito. Todavia, quando isso acontece, a maioria das igrejas não faz nada. (E, como veremos no próximo capítulo, algumas igrejas atacam quem faz as denúncias.) Ainda que a igreja faça algo, muitas vezes é uma resposta vaga e inadequada. Nos casos raros em que a igreja por fim remove um pastor por causa de abuso, isso leva às próximas perguntas: Por que demoraram tanto para agir? Por que toleraram esse comportamento por vinte e cinco anos?

A razão pela qual fazemos esses questionamentos é porque sempre há evidência — muita evidência — do comportamento destrutivo desses pastores. Chuck DeGroat, em seu livro *Quando o narcisismo invade a igreja*, constata que esses pastores muitas vezes deixam "um campo de escombros relacionais" para trás.[112] Ele observa: "Frequentemente, antes de o pastor narcisista ser exposto em público, passam-se anos de encontros dolorosos de menor dimensão que são encobertos."[113] Esses pastores têm um histórico de ferir aqueles com quem trabalham e, enfim, após muitos anos, não conseguem mais escapar desse histórico. É um padrão pecaminoso que não pode ser visto a princípio; ele torna-se visível apenas com o tempo. Como está escrito em 1Timóteo 5:24: "Os pecados de alguns são evidentes, mesmo antes de serem submetidos a julgamento, ao passo que os pecados de outros se manifestam posteriormente."

Resumindo, pastores abusivos deixam "um campo de escombros relacionais" para trás.[114] Isso é o que monstros fazem. Então, por que as igrejas não veem esse campo de escombros? Por que não ligam os pontos? Como veremos, o problema não é um único pastor abusivo. Às vezes, o problema é uma cultura que permite (consciente ou inconscientemente) o abuso na igreja.[115]

Ou, como Oakley e Kinmond observaram: "Nós [costumamos] focar a maçã podre e o que está errado com ela em vez de olhar para o caixote em que é mantida."[116] Neste capítulo, olharemos para o caixote.

---

[112] Chuck DeGroat, *When Narcissism Comes to Church: Healing Your Community from Emotional and Spiritual Abuse* (Downers Grove, IL: InterVarsity Press, 2020), p. 3, 143 [*Quando o narcisismo invade a igreja* (São Paulo: Mundo Cristão, 2024)].

[113] DeGroat, *When Narcissism Comes to Church*, p. 91.

[114] DeGroat, *When Narcissism Comes to Church*, p. 3, 143.

[115] Para uma perspectiva mais ampla sobre traição institucional, veja Carly Parnitzke Smith e Jennifer Freyd, "Institutional Betrayal", *American Psychologist* 69, n.º 6 (Setembro de 2014): 575-587, https://doi.org/10.1037/a0037564.

[116] Lisa Oakley e Kathryn Kinmond, *Breaking the Silence on Spiritual Abuse* (Nova York: Palgrave Macmillan, 2013), p. 14.

UMA ESTRUTURA DE RESPONSABILIZAÇÃO INADEQUADA: QUE ESCOMBROS?

O primeiro motivo pelo qual algumas igrejas não veem os escombros é porque esses escombros foram escondidos. O pastor abusivo os enterrou no jardim, por assim dizer, e a estrutura inadequada de responsabilização da igreja a torna incapaz de ver o que está acontecendo (e às vezes não *quer* ver o que está acontecendo).

Os escombros estão escondidos de diversas maneiras. Primeiro, muitas vítimas de pastores abusivos são *silenciadas* ou *forçadas a se retirar*. Em muitas das histórias, os que sofrem abuso são isolados e expulsos desse ministério. As pessoas não veem o padrão porque as vítimas de abuso não falam por medo de enfrentar represália. Elas apenas saem, e o pastor abusivo fica.

E, se o pastor abusivo fica, ele tem a oportunidade de controlar a narrativa. Como veremos no capítulo seguinte, as vítimas são culpadas, em alguns casos, por toda a situação. *Elas* são o problema, não o pastor abusivo.

O segundo motivo é que, o padrão abusivo de relacionamentos devastados *não costuma ser revelado ao principal órgão de liderança* e com certeza também não para a igreja como um todo. Pelo contrário, com frequência é contido dentro de certos comitês ou subgrupos. Wade Mullen afirmou: "Muitas vítimas descobriram que sua denúncia de abuso para uma organização foi recebida por uma equipe designada a responder ou mantida entre um pequeno grupo de membros do conselho *no lugar de ser compartilhada com todo o conselho*."[117]

[117] Wade Mullen, *Something's Not Right: Decoding the Hidden Tactics of Abuse and Freeing Yourself from Its Power* (Carol Stream, IL: Tyndale, 2020), p. 18 (grifo na citação).

Ora, algum nível de confidencialidade é compreensível e sábio. Nem toda queixa deve ser exibida diante de toda a igreja. Dito isso, algumas igrejas aprenderam a "administrar" o campo de escombros relacionais de um jeito que não é tão diferente dos políticos modernos — mantido em comitês pessoais sem nunca ver a luz do dia. Esse método é tão eficaz que às vezes nem mesmo os presbíteros do pastor conhecem o padrão de relacionamentos quebrados a longo prazo, ou pelo menos não sabem quão profundo e amplo ele é.

O terceiro motivo é que, mesmo quando uma vítima de abuso se apresenta e é ouvida pela liderança, o problema com frequência é *menosprezado e minimizado* — é visto como um conflito inevitável em qualquer ministério. Você ouvirá afirmações como: "Bem, é o pastor Bob. Você sabe como ele é." Ou o problema é minimizado pela insistência de que isso é o que acontece quando se tem um "líder forte". Vemos esse tipo de resposta no caso de Steve Timmis, o antigo CEO da Atos 29, que, por fim, foi dispensado em razão do abuso espiritual. Seus defensores disseram que os conflitos se deviam apenas a "atritos de estilos de liderança" ou que líderes fortes causam "incômodo".[118]

A razão para minimizações como essa serem tão eficazes é que são *parcialmente* verdadeiras. Todo ministério tem algum conflito. Vivemos em um mundo caído onde conflitos fazem parte de qualquer igreja.

No entanto, existe uma diferença com os pastores abusivos. O campo de escombros relacional de um pastor abusivo é

---

[118] Kate Shellnutt, "Acts 29 CEO Removed Amid 'Accusations of Abusive Leadership'", *Christianity Today*, 7 de fevereiro de 2020, https://www.christianitytoday.com/news/2020/february/acts-29-ceo-steve-timmis-removed-spiritual-abuse-tch.html.

diferente não apenas em *volume* de conflitos, como também na *profundidade* desses conflitos. Muitas vezes, as vidas que ele deixa para trás ficam destruídas; muitos deixam o ministério e outros abandonam a fé cristã como um todo. Além disso, pastores abusivos também costumam ter conflitos *não resolvidos*. Em geral, eles se afastam de muitas das pessoas com quem trabalhavam.

Uma vez que um padrão aparece, os líderes da igreja têm de fazer as contas. Existe um denominador comum a todos esses conflitos: o pastor. É mais provável que *todo mundo* seja o problema ou que talvez *ele* seja o problema?

Infelizmente, às vezes os presbíteros não veem os escombros porque não querem. Apesar dos buracos cavados no jardim, continuam dizendo a si mesmos que tudo ficará bem. Por que eles fazem isso? Talvez seja porque eles têm uma perspectiva incorreta da natureza humana do ponto de vista teológico: não pensam que monstros assim existem, pelo menos não na igreja deles.

UMA VISÃO EQUIVOCADA DA DEPRAVAÇÃO: MONSTROS NÃO EXISTEM

Evangélicos reformados falam muito sobre a doutrina da *depravação total* — como o pecado é mais profundo e mais pernicioso do que percebemos, afetando todos os aspectos da nossa vida (ações, mente, vontade). Embora os seres humanos não sejam tão pecadores quanto poderiam ser, todo ser humano, até os pastores, tem potencial de cometer sérios atos de perversidade.

Apesar de muitas igrejas afirmarem essa importante doutrina no papel, ela pode ser esquecida com facilidade quando se trata de casos de abuso espiritual. Assim que as vítimas criam coragem de falar a respeito do comportamento abusivo, normalmente recebem um coro de repúdio que diz coisas como: "Eu conheço esse pastor, e ele jamais faria isso" ou "Esse pastor abençoou e ajudou incontáveis pessoas ao longo dos anos. Ele nunca poderia fazer algo assim." Em vez de levar as queixas a sério e investigá-las com cuidado, a liderança as rotula como impossíveis ou tão improváveis que não merecem sequer ser consideradas.

Em outras palavras, *monstros não existem* (pelo menos não na nossa igreja).

E, em uma reviravolta tragicamente irônica, os defensores do pastor abusivo muitas vezes fazem questionamentos sobre a integridade e o caráter das vítimas, sugerindo que estas pretendem caluniar ou difamar o "bom nome" do líder. Assim, a doutrina de depravação total é esquecida quando se trata do pastor, mas lembrada quando se trata das vítimas.

As revelações a respeito de Ravi Zacharias nos mostraram que até os líderes mais respeitados e amados têm potencial para depravação inefável. Os defensores de Zacharias argumentaram que ele nunca, jamais, poderia cometer tais atrocidades. Mas não eram poucas as evidências de que ele as cometera. Apesar das mensagens de texto questionáveis, explicações inconsistentes e do testemunho de múltiplos acusadores, os apoiadores de Zacharias ficaram ao lado dele.

O que explica essa propensão de igrejas e organizações cristãs a ignorar as implicações de total depravação e defender seus líderes, mesmo em meio a evidências concretas do contrário? Em seu livro best-seller *Falando com estranhos*, Malcolm Gladwell oferece uma possível resposta. O autor cataloga diversos casos criminais notórios — inclusive os casos de abuso sexual de Jerry Sandusky e Larry Nassar — e indica que os ofensores receberam o benefício da dúvida vez após vez, apesar das significativas evidências contra eles. Por quê? Em razão do que é chamado de teoria do pressuposto da verdade. Quando seres humanos interagem uns com os outros, "Temos *o pressuposto da verdade*: nossa hipótese operacional é de que as pessoas com quem estamos lidando são honestas".[119]

Em certo sentido, essa presunção não é ruim. Gladwell argumenta que os seres humanos pressupõem a verdade porque temos de fazê-lo para operar de maneira razoável e eficiente em nossa sociedade. Você consegue imaginar como seria se todas as pessoas fossem desconfiadas, hesitantes e céticas com relação a cada pessoa e a cada afirmação? Seria um mundo miserável, sem contar ineficaz, para se viver.

Todavia, o problema é ainda maior. Gladwell aponta que, além de presumir que as pessoas costumam dizer a verdade, os seres humanos com frequência se equivocam ao pensar que são bons em identificar quem *não* diz a verdade. Nós nos consideramos capazes de determinar se as pessoas estão mentindo apenas ao analisar seu comportamento, suas expressões faciais e sua linguagem corporal. As estatísticas, no entanto, mostram o contrário. Gladwell apresenta uma série de exemplos de como até mesmo os oficiais da lei — policiais, juízes e agentes especiais — são ineficazes em identificar os vilões. A combinação da nossa presunção de que todos dizem a verdade e nossa confiança excessiva na própria capacidade de identificar mentirosos, segundo Gladwell, representa um grave problema na identificação de enganadores.

---

[119] Malcolm Gladwell, *Talking to Strangers: What We Should Know about the People We Don't Know* (Nova York: Little, Brown, and Company, 2019), p. 73 (grifo no original) [*Falando com estranhos: o que deveríamos saber sobre as pessoas que não conhecemos* (Rio de Janeiro: Sextante, 2019)].

Contudo, a questão piora. Gladwell apresenta um terceiro fator nesses casos: somos piores em identificar os vilões quando somos forçados a acreditar em algo improvável a respeito deles. Ele escreve: "O pressuposto da verdade torna-se um problema quando somos forçados a escolher entre duas alternativas, uma provável e a outra impossível de imaginar."[120] Por exemplo, é mais fácil acreditar que uma pessoa amável e simpática como Jerry Sandusky cometeu assédio sexual contra vários garotos ao longo de décadas ou é mais fácil acreditar que foi apenas um mal-entendido por causa de empurrões no banho? A última opção é muito mais fácil de aceitar. É mais fácil crer que um médico respeitado do time olímpico como Larry Nassar era um predador sexual monstruoso ou que algumas garotas não entenderam o que um exame pélvico envolvia? De novo, muitas pessoas acharam a última alternativa mais crível.

O estudo de Gladwell também pode se aplicar ao abuso espiritual na igreja. Cortes eclesiásticas — conselhos administrativos e comitês presbíteros — muitas vezes acreditam que têm capacidade de detectar pastores desonestos e enganadores. Como todos fazem, porém, os membros desses grupos pressupõem que a pessoa diante deles diz a verdade, em especial se esta tiver um longo histórico de ministério aparentemente fiel. Podemos imaginar o dilema que passa pela cabeça deles: "É mais provável que esse pastor respeitado tenha maltratado, assediado e oprimido seu rebanho ou que as pessoas sejam sensíveis demais e se incomodem com um líder forte?"

A situação se torna ainda mais complicada se aqueles que avaliam o pastor acusado o conhecerem pessoalmente (o que quase

---

[120] Gladwell, *Talking to Strangers*, p. 130.

sempre é o caso em cortes eclesiásticas). Se assim for, há grandes chances de que o estimem. Por quê? *Porque valentões não intimidam todo mundo*. Se o fizessem, não durariam muito. Valentões quase nunca intimidam seus iguais ou superiores. Eles sempre o fazem com aqueles em posição *inferior*. Portanto, é mais provável que o pastor tenha tratado aqueles que o analisam — seus colegas — muito bem.

Porque a doutrina de depravação ficou em segundo plano, essas pessoas não se dão conta de que, como vimos, pastores espiritualmente abusivos quase sempre têm dois lados. Um lado é encantador, gracioso e agradável. O outro lado, por sua vez, pode ser dominador, opressivo e ameaçador — como o dr. Jekyll e o sr. Hyde. E eles são seletivos com relação a quem pode ver cada lado deles. De muitas formas, os pastores abusivos são como pais abusivos. Às vezes, o pai ou a mãe são bondosos e amorosos com a criança; outras, cruéis e vingativos. Eles alternam entre as duas personas.[121]

Há algo que possa ser feito para consertar essa incapacidade para distinguir vilões quando estão bem diante de nós? A crença teológica na depravação total deveria, pelo menos em tese, ajudar. Se essa doutrina fosse ensinada com frequência, tornaria qualquer indivíduo e qualquer corte eclesiástica abertos à possibilidade de que cristãos professos, até pastores, podem cometer atos hediondos. Isso não significa que presumimos que o acusado é culpado. Significa apenas que as acusações não são descartadas. Quando isso acontece, uma investigação legítima pode ser iniciada.

Além disso, outras medidas podem ser tomadas. Gladwell ressalta que certo grupo raro de indivíduos não é programado para presumir que todos são honestos e verdadeiros. Esse tipo

[121] Oakley e Kinmond, *Breaking the Silence*, p. 61.

de gente vai contra a corrente, o que o autor chama de "contador de verdades". Essas pessoas "não fazem parte das hierarquias sociais existentes".[122] Desse modo, elas "estão livres para deixar escapar verdades inconvenientes ou questionar coisas que o resto de nós aceita de bom grado".[123] Na fábula *A nova roupa do imperador*, de Hans Christian Andersen, o garotinho é um contador de verdades. Enquanto todos os outros bajulam o imperador nu, o garoto grita: "Olhem o rei! Não está vestindo nada!"[124]

A maioria dos conselhos administrativos, cortes eclesiásticas e juntas de diretores de ministérios cristãos é composta de pessoas de dentro, não de fora. Eles costumam ser formados por amigos próximos do líder, às vezes até membros da família. Como, então, poderiam ter objetividade na responsabilização desse líder? É o mesmo problema que policiais encontram ao responsabilizar seus colegas por força excessiva. Eles são parte do mesmo clube. Portanto, é difícil alcançar a verdadeira responsabilização.

O que esses grupos precisam é de um contador de verdades, e talvez muitos deles. É possível que essas organizações cristãs tenham de recalibrar a estrutura da liderança para incluir pessoas de fora que não sejam "parte das hierarquias sociais existentes"? Analisaremos essa possível reestruturação no capítulo 7.

NOÇÃO EQUIVOCADA DA GRAÇA: TODOS SÃO MONSTROS

O cristianismo, em sua essência, sempre foi sobre graça. Paulo declara com excelência: "Pois pela graça vocês são salvos, por meio da fé, e isto não vem de vocês, é dom de Deus; não por obras,

---

[122] Gladwell, *Talking to Strangers*, p. 99.

[123] Gladwell, *Talking to Strangers*, p. 99.

[124] Como citado em Gladwell, *Talking to Strangers*, p. 99.

para que ninguém se glorie" (Efésios 2:8,9). Nos últimos anos, principalmente em círculos evangélicos reformados, tem havido uma explosão de nova atenção à graça. Há muitos chamados para pregações "centradas na graça", que focam não somente as nossas boas obras, mas a obra completa de Cristo. E isso é ótimo.

No entanto, para acentuar a beleza dessa graça, alguns deram um passo além. Há indivíduos que pensam que, por sermos pecadores desesperados salvos pela graça, não podemos fazer distinções entre níveis de pecado. Agora, mais do que nunca, ouvimos frases como "Todos os pecados são iguais" ou "Todos somos igualmente pecadores". Essa linguagem é empregada com a intenção de defender a graça; é outra maneira de dizer que ninguém é melhor do que ninguém.

A frase "Todos os pecados são iguais", porém, é verdadeira em partes, a depender do que o indivíduo quer dizer. Se alguém fala isso apenas para indicar que qualquer pecado basta para nos separar de Deus e garantir sua ira, está correto. Deus é tão santo que qualquer violação de sua lei, não importa quão trivial aos nossos olhos, é uma ofensa digna de seu justo julgamento.

No entanto, essa não é a única forma em que a frase é utilizada. Outros a utilizam para "nivelar" todos os pecados para que se tornem indistinguíveis uns dos outros. Ou, para colocar de outro modo, ela retrata todos os seres humanos como igualmente ruins. Se todos os pecados são iguais e todas as pessoas pecam, ninguém é mais santo do que o outro. Em um mundo fascinado com "igualdade", esse uso da frase é ainda mais atraente. Ele permite que todos sejam agrupados em uma única massa homogênea.

Em outras palavras, essa compreensão da graça requer que acreditemos que *todos somos monstros*.

Contudo, essa crença é problemática em diversos níveis. Primeiro, dizer que todos os pecados são os mesmos confunde o efeito do pecado com a repugnância do pecado. Embora todos os pecados sejam iguais em efeito (eles nos separam de Deus), não são todos igualmente repugnantes. A Bíblia faz clara distinção entre pecados. Certos pecados são mais severos em impacto (1Coríntios 6:18), em culpabilidade (Romanos 1:21-32), no julgamento merecido (2Pedro 2:17; Marcos 9:42; Tiago 3:1), e na determinação da qualificação do indivíduo para o ministério pastoral (1Timóteo 3:1-7).

Com relação ao nosso tema, essa noção equivocada da graça tem sido usada para defender líderes abusivos. Alguns defendem que, se todos nós somos pecadores equiparados, temos de largar do pé desses pastores. Eles são pecadores, como o restante de nós. Dizer o contrário nos coloca em posição de julgamento contra eles e faz que pareçamos mais justos do que outras pessoas. Em vez disso, precisamos ser "graciosos" para com eles.

De maneira trágica, essa má interpretação da graça muitas vezes é imposta contra as próprias vítimas. Elas são censuradas por serem "inflexíveis", "rancorosas" ou por (lá vamos nós outra vez) não serem "graciosas".

Não é difícil ver quão debilitante esse erro teológico pode ser. Ele faz com que a vítima se sinta culpada, como se seu coração endurecido estivesse atrapalhando a "reconciliação". Além disso, esse pensamento ignora a repugnância do abuso em si, pois esquece que alguns pecados são piores do que outros, bem como alguns pecadores são piores do que outros. E um pastor abusar de sua ovelha é um dos mais escandalosos, como o capítulo 3 mostrou. Esse uso indevido da graça também ignora todas as passagens na Escritura sobre praticar a justiça e a retidão e defender os inocentes.

Infelizmente, outra ideia equivocada da graça tem sido usada para defender pastores abusivos e prejudicar ainda mais a vítima. Algumas pessoas acreditam que, se somos todos iguais em pecado, isso deve significar que *o pastor abusivo e a vítima têm a mesma parcela de culpa pelo conflito*. Uma concepção equivocada sobre a graça é usada para minimizar a atrocidade do abuso e acentuar os pecados da vítima, quaisquer que sejam.

Todos temos uma disposição inerente de ser "justos" para com os dois lados de um conflito. Todavia, às vezes presumimos que justiça significa que temos de atribuir igual culpa a ambas as partes. Fazer o contrário exigiria tempo e esforços para descobrir quem de fato é culpado. E por que perder tempo com a investigação quando já sabemos que todos são igualmente pecadores? É muito mais fácil — e, na mente de alguns, até mais piedoso — determinar que os dois confessem seus pecados (iguais) e encontrem um jeito de se reconciliar.

Como consequência, os conselhos administrativos às vezes fazem declarações como: "Todos aqui são culpados de pecar" ou "Existe culpa dos dois lados". Eles transformam o abuso em um mero conflito relacional, não muito diferente da discordância entre Paulo e Barnabé.

Para deixar claro, não estou dizendo que as vítimas de abuso não são pecadoras. Elas são. Tampouco afirmo que as vítimas nunca fazem nada errado. Elas fazem. No entanto, como Jennifer Michelle Greenberg observou, "Todo mundo é pecador. Nem todo mundo é abusador".[125]

---

[125] Jennifer Michelle Greenberg, *Not Forsaken: A Story of Life after Abuse* (Londres: The Good Book Company, 2019), p. 44.

UMA VISÃO INADEQUADA DA RECONCILIAÇÃO: APENAS SE ENCONTRE COM O MONSTRO

A maioria dos conselhos administrativos ou órgãos eclesiásticos não gosta de divisão interna. Como a maioria dos cristãos, eles querem que os conflitos sejam rapidamente resolvidos, e isso é bom. Na verdade, parece haver mais ministérios dedicados à apaziguar agora do que antes. Mas essa ânsia para estabelecer paz às vezes leva as igrejas a apressar as vítimas de abuso a um processo mal concebido de reconciliação com o abusador.[126] Uma vez que algumas igrejas rotulam toda a questão apenas como um "conflito", elas concluem que não precisam focar justiça ou responsabilização. Em vez disso, pensam que o problema pode ser resolvido ao colocar o abusado e o abusador juntos em uma sala onde todos confessam seus pecados.[127]

Em outras palavras, *as pessoas só precisam se encontrar com o monstro.*

Contudo, esse tipo de abordagem é extremamente preocupante. Um caso de abuso não é um mero conflito. Não há um patamar de igualdade. Tratar dessa forma é equivalente a tomar uma situação na qual o marido bate na esposa e dizer ao casal que eles precisam somente de aconselhamento para que ambos possam confessar seus pecados. Mas esse seria um grave erro. É claro que a esposa também é pecadora. Todavia, quaisquer pecados que ela tenha cometido não justificam o abuso do marido, tampouco deveriam minimizar a necessidade de a igreja priorizar a abordagem desse abuso.

---

[126] Oakley e Humphreys, *Escaping the Maze of Spiritual Abuse*, p. 98-99.

[127] Basyle Tchividjian e Justin S. Holcomb, *Caring for Survivors of Sexual Abuse: Being Comfortable in Your Own Skin* (Greensboro, NC: New Growth, 2017), p. 10.

Foi exatamente esse erro que tornou o ministério de reconciliação de Judy Dabler tão trágico.[128] Como discutido no capítulo 1, Dabler deveria ser uma autoridade na resolução bíblica de conflitos. Entretanto, sua abordagem à reconciliação muitas vezes contornava o apuramento de fatos que levaria à verdadeira responsabilização e, em vez disso, se iniciava com a suposição de que os erros eram iguais em ambas as partes. Segundo a reportagem do *Christianity Today*:

> “[Ela] não priorizava estabelecer um relato objetivo dos fatos [...] mesmo quando a conciliação era motivada por alegações de abuso. Defensores da conciliação dizem que a confissão mútua de pecados não é um ponto de partida adequado em resposta a uma injustiça.[129]

Muito mais pode ser dito a respeito da abordagem correta para a reconciliação (e trataremos de Mateus 18 no capítulo 5). Por enquanto, aqui estão diversos princípios para ter em mente quando as igrejas buscam reconciliação entre pastores abusivos e suas vítimas.

Primeiro, *não se deve pedir às vítimas que se encontrem com um pastor abusivo, a não ser que este tenha sido responsabilizado.* O fundamento para reconciliação sempre se inicia com a verdade sobre o que aconteceu e a responsabilização pelo ocorrido. E é papel da igreja, não das vítimas, providenciar essa responsabilização.

---

[128] Daniel Silliman, “The Christian Peacemaker Who Left a Trail of Trauma”, *Christianity Today*, 16 de novembro de 2021, https://www.christianitytoday.com/news/2021/november/judy-dabler-creative-conciliation-abuse-lapm-unfit-ministry.html.

[129] Silliman, “Christian Peacemaker”.

Se a igreja falha em providenciá-la e mesmo assim insiste em que a vítima se encontre com o abusador, ela transfere o fardo para a vítima. Dessa forma, obriga as vítimas a fazerem a tarefa que a instituição falhou em fazer. As vítimas são colocadas em uma posição na qual precisam provar o caso, tudo isso sem proteção ou apoio da igreja. Esse cenário dá ao abusador mais uma oportunidade para atacar as vítimas; é como se ele as abusasse de novo.

Segundo, *vítimas não devem se encontrar com um pastor abusivo, a não ser que este esteja genuinamente arrependido*. Pode-se imaginar cenários nos quais a igreja responsabiliza, de fato, o pastor, porém ele continua desafiador e irredutível. Todavia, não pode haver reconciliação bíblica a menos que haja arrependimento verdadeiro: "[...] Se o seu irmão pecar, repreenda-o e, se ele se arrepender, perdoe-lhe" (Lucas 17:3). Nesse cenário, as vítimas de abuso devem esperar até que um órgão oficial da igreja determine que houve arrependimento genuíno. Não basta o pastor abusivo *afirmar* que está arrependido. Ele tem de demonstrar arrependimento a um órgão responsável capaz de analisar de modo adequado.

Terceiro, *vítimas não devem se encontrar com o pastor abusivo até estarem emocional e espiritualmente prontas*. Ainda que o abusador seja responsabilizado e esteja arrependido, isso não significa que o encontro de reconciliação deva acontecer de imediato. Muitas vítimas de abuso estão tão traumatizadas que têm dificuldade de estar na presença de um abusador até passarem pela cura. Isso pode levar meses e até anos.

Se as vítimas de abuso recusarem o encontro, um pastor que não está arrependido *provavelmente retratará as vítimas como rancorosas e indispostas a se reconciliar*. Ele assumirá uma posição de superioridade moral, como se fosse o apaziguador, e é a vítima quem está guardando rancor. Por isso, é imperativo que as igrejas *ao menos peçam* às vítimas para se encontrarem com o abusador até o cumprimento das diretrizes. Dessa forma, a igreja é quem previne que o encontro aconteça, não as vítimas.

Uma ilustração apropriada do perigo de fazer as pazes com um líder abusivo que não se arrependeu vem de uma cena de *O Senhor dos Anéis: as duas torres*, de J. R. R. Tolkien. Após a devastadora traição do mago Saruman, ele enfim é confrontado por Gandalf e Théoden, o rei de Rohan. Apesar das horrendas e inomináveis atrocidades que Saruman cometeu, ele não admite culpa, tampouco demonstra remorso. Ao mesmo tempo — e isso é importante —, ainda negocia a paz com aqueles a quem feriu. Ele quer o que todos líderes abusivos querem: paz sem arrependimento e responsabilização.

É impressionante a exatidão com a qual Tolkien ilustra o tom e a atitude de um líder abusivo. Quando Saruman fala com Théoden — a quem buscava destruir, bem como ao povo de Théoden —, parece bondoso, racional e pacífico: "Por que não veio antes, e como amigo? Desejava muito vê-lo [...]."[130] Depois, faz uma oferta de paz: "Eu digo, rei Théoden: vamos ter paz e amizade, você e eu? A decisão cabe a nós."[131] E, ao falar com Gandalf, o mago o convida para uma conversa a fim de promover a paz: "Para o bem de todos, estou disposto a corrigir o que já passou e recebê-lo. Está disposto a conversar comigo? Está disposto a subir?"[132]

---

130 J. R. R. Tolkien, *The Two Towers* (Nova York: HarperCollins, 1999), p. 223 [*As Duas Torres: segunda parte de O Senhor dos Anéis* (Rio de Janeiro: Harper Collins Brasil, 2019)].

131 Tolkien, *Two Towers*, p. 225.

132 Tolkien, *Two Towers*, p. 226.

Em todas essas declarações, apesar de perspicazes e charmosas, perceba que não há admissão de culpa ou erro. Pelo contrário, Saruman faz mais uma coisa que líderes abusivos fazem: ele se retrata como a verdadeira vítima. Ele vira o jogo e se coloca como a parte prejudicada: "Apesar dos danos que me foram causados, nos quais os homens de Rohan, infelizmente, têm uma parcela de culpa, eu ainda o salvaria [...]."[133] E, quando fala com Galdalf, não confessa os próprios pecados, mas aponta os de Galdalf: "É orgulhoso e não gosta de conselhos."[134] Em outras palavras, a culpa é de todo mundo.

Felizmente, apesar da lábia das manipulações de Saruman, Théoden e Gandalf não são enganados. Eles não vão até as câmaras de Saruman para negociar um acordo de paz. Théoden é direto: "[...] teremos paz quando você e seus feitos tiverem perecido [...]. Você é um mentiroso, Saruman; um corruptor do coração dos homens."[135] De maneira semelhante, Gandalf também não aceita o convite: "Não, acho que não vou subir. Mas escute, Saruman, pela última vez! Não está disposto a descer?"[136] Em vez de cumprir as exigências de Saruman, Gandalf apenas o chama ao arrependimento, e o faz de maneira genuína e sincera. Mas, como a maioria dos líderes abusivos, Saruman não cede. Portanto, Gandalf remove seu ofício: "Você se transformou num tolo, Saruman, e apesar disso causa pena. Poderia ainda ter se desviado da loucura e do mal, e ter sido útil. Mas você escolhe ficar [...] e eu o expulso da ordem e do Conselho."[137]

---

133 Tolkien, *Two Towers*, p. 223.
134 Tolkien, *Two Towers*, p. 226.
135 Tolkien, *Two Towers*, p. 225.
136 Tolkien, *Two Towers*, p. 227.
137 Tolkien, *Two Towers*, p. 229.

CONCLUSÃO

Quando o conselho administrativo ou a organização cristã se vê diante de acusações de que seu pastor ou líder é abusivo, temos de perceber que talvez já tenham estas suposições: (1) de que é um incidente isolado (que escombros?); (2) esse pastor parece uma pessoa boa, honesta, a quem conhecemos e amamos (monstros não existem); (3) todos são pecadores abomináveis, e a culpa deve existir de todos os lados (todos são monstros); e (4) a responsabilização não é necessária porque conflitos podem ser resolvidos se as duas partes se encontrarem (apenas se encontre com o monstro).

Adicione a essas suposições as táticas de defesa abrangentes e resistentes empregadas pela maioria dos pastores abusivos, e enfrentaremos uma implicação um tanto quanto preocupante: *Neste sistema atual, é muito difícil, quase impossível, declarar um pastor culpado de abuso espiritual.* A menos que o caso seja bastante severo e haja grande quantidade de evidências externas (vídeos, gravações, e-mails), é improvável que sejam feitas acusações formais contra pastor espiritualmente abusivo e mais improvável ainda que ele seja considerado culpado. Se a evidência consiste somente no testemunho das vítimas, fazer com que a corte eclesiástica veja a verdade é uma batalha longa e árdua.

Está claro que há muito trabalho a ser feito. Se vamos lutar contra o abuso na igreja, temos de entender mais do que os erros teológicos que têm permitido que o abuso continue sem fiscalização. Também precisamos entender as diversas táticas que o abusador e seus facilitadores usam para defender as ações abusivas. Voltaremos a esse assunto no capítulo seguinte.

CINCO

VIRANDO O JOGO

As táticas de retaliação dos líderes abusivos

O mal sempre vence pela força de seus esplêndidos patetas; e sempre existiu em todos os tempos uma aliança desastrosa entre inocência anormal e pecado anormal.

— G. K. CHESTERTON

Em 2018, Bill Hybels, pastor sênior de uma das igrejas mais icônicas e bem-sucedidas dos Estados Unidos, Willow Creek Community Church, anunciou que deixaria o cargo após um ministério de quarenta e dois anos. De muitas formas, seu ministério foi um sucesso esmagador. A igreja Willow Creek contava com cerca de 25 mil adoradores a cada semana na sede e em sete filiais. Era um modelo para milhares de outras igrejas ao redor do mundo de como alcançar os perdidos de maneira eficaz ao construir uma experiência de adoração amigável e receptiva para não cristãos. Parecia que Hybels estava de vento em popa; ele tinha realizado coisas maravilhosas em prol do reino de Deus.

Em 2014, começaram a surgir alegações, desconhecidas pela congregação até então, de que Hybels manteve por muitos anos relacionamentos sexuais inapropriados com mulheres de sua igreja, até mesmo com funcionárias. Embora o conselho da igreja tenha conduzido a própria "investigação" e determinado que ele não tinha feito nada de errado — Hybels supostamente fora "inocentado"[138] —, as alegações não desapareceram.

Então, em aparente esforço para prevenir que esses casos fossem divulgados, Hybels falou publicamente ao *Chicago Tribune*. De acordo com o jornal, o pastor negou todas as acusações sob a alegação de que ex-funcionários e membros da igreja estavam mentindo e conspirando contra ele:

> "Este tem sido um ataque calculado e contínuo contra os presbíteros e contra mim por quatro longos anos [...]. Quero falar com todas as pessoas no país que foram enganadas [...] pelos últimos quatro anos e dizer com a minha voz, com uma voz tão forte quanto vocês me permitirem usar, que as acusações contra mim são falsas. Ainda não existe, até hoje, nenhuma evidência de má conduta de minha parte.[139]

Além dessa declaração à imprensa, Hybels também negou as acusações em um "encontro de família" com sua própria congregação — uma negação que foi ovacionada.[140]

---

138 Manya Brachear Pashman e Jeff Coen, "After Years of Inquiries, Willow Creek Pastor Denies Misconduct Allegations", *Chicago Tribune*, 23 de março de 2018, https://www.chicagotribune.com/news/breaking/ct-met-willow--creek-pastor-20171220-story.html.

139 Pashman e Coen, "Willow Creek Pastor Denies Misconduct Allegations".

140 Laurie Goodstein, "He's a Superstar Pastor: She Worked for Him and Says He Groped Her Repeatedly", *New York Times*, 5 de agosto de 2018, https://www.nytimes.com/2018/08/05/us/bill-hybels-willow-creek-pat-baranowski.html.

Apesar da tentativa de Hybels de controlar a narrativa, um ano depois uma investigação detalhada concluiu que aquelas mulheres disseram a verdade o tempo todo.[141] E não era apenas o abuso sexual que estava em jogo; a denúncia também indicou *abuso espiritual*, pois foi dito que Hybels tinha um padrão de intimidar e tecer ataques verbais a membros da equipe.[142] Se alguém discordasse, ele virava uma fera.[143] A reviravolta foi tão definitiva que todo o conselho administrativo de Willow Creek acabou renunciando ao cargo também.[144]

Todo esse caso, por mais trágico que seja, destaca uma realidade alarmante: líderes abusivos empregam táticas bem orquestradas para não serem desmascarados. Essas táticas são tão comuns em casos por todo o país que parece que os abusadores leem o mesmo livro de estratégias. Hybels adotou algumas das táticas mais comuns, como negar por completo, reunir um grupo de defensores, atacar os acusadores e se fazer de vítima de uma conspiração para arruinar seu bom nome. Em suma, pastores abusivos tentam se defender ao "virar o jogo". Infelizmente, essas táticas funcionam.

---

141 Kate Shellnutt, "Willow Creek Investigation: Allegations Against Bill Hybels Are Credible", *Christianity Today*, 28 de fevereiro de 2019, https://www.christianitytoday.com/news/2019/february/willow-creek-bill-hybels-investigation-iag-report.html.

142 Emily McFarlan Miller, "Misconduct Allegations against Willow Creek Founder Bill Hybels Are Credible, Independent Report Finds", *Washington Post*, 1º de março de 2019, https://www.washingtonpost.com/religion/2019/03/01/independent-report-finds-allegations-against-willow-creek-founder-bill-hybels-are-credible/.

143 Miller, "Misconduct Allegations".

144 Emily McFarlan Miller, "Willow Creek Elders and Lead Pastor Resign in Wake of Hybels Revelations", *Religion News Service*, 8 de agosto de 2018, https://religionnews.com/2018/08/08/willow-creek-elders-and-lead-pastor-resign-in-wake-of-hybels-revelations/.

O propósito deste capítulo é ajudar igrejas a entenderem essas táticas para que possam ser identificadas e abordadas. Aqui estão as estratégias de defesa mais comuns entre líderes abusivos.

FORMAR UMA ALIANÇA DE DEFENSORES

O primeiro passo de um pastor abusivo é formar uma forte rede de aliados que possam falar por ele, defendê-lo e até ficar na ofensiva contra as vítimas. Essa aliança se torna a equipe de advogados do pastor, comprometida em defendê-lo a qualquer custo.

A formação da aliança não costuma começar no momento em que as acusações são feitas. A maioria dos pastores abusivos passa anos fazendo isso, forjando relacionamentos com a liderança para o caso de alguma situação assim surgir. Embora seja normal que um pastor sênior tenha relacionamentos próximos com outros presbíteros, esses relacionamentos muitas vezes são usados como proteção da responsabilização em caso de abuso espiritual. Assim que as acusações vêm à tona, ele começa a fazer contatos nos bastidores e a traçar a própria narrativa do que aconteceu. Desse modo, quando as vítimas relatam a história para um comitê, o pastor abusivo já manipulou a maioria dos presbíteros contra elas. É por isso que muitas vítimas optam por sair. Como o pastor controla a narrativa, elas percebem que não há esperança para vencer as táticas do pastor abusivo.

Um sobrevivente de abuso conta sua história:

> “A princípio, tentei confrontar a pessoa abusiva. Quando isso não deu certo, era tarde demais para compartilhar com meus amigos porque ele chegou antes de mim e lhes disse que não falassem comigo, não dessem retorno às minhas mensagens,

> ligações ou *e-mails*. Como a lealdade a ele era o que havia sido imposto, nem meus amigos mais próximos falavam comigo. Fui cortado instantaneamente.[145]

A habilidade de um pastor abusivo de formar uma aliança de defensores vai além de seu relacionamento pessoal com essas pessoas. Também se dá porque ele está pedindo a elas que façam algo mais natural do ponto de vista psicológico. De maneira geral, as pessoas preferem agir como defensoras a se colocarem como acusadoras, em especial em um contexto cristão e em favor de um pastor. Assim, os presbíteros ou membros da igreja quase sempre se tornam defensores agressivos de um pastor — e até recrutam outros a se juntarem à causa —, enquanto poucos advogam para as vítimas. Afinal, isso exige que acusem o pastor, a quem Deus supostamente chamou para liderar. E isso é difícil para a maior parte das pessoas. Defender é heroico. Acusar é arriscado.

Todo esse cenário nos lembra outra vez de que o problema com o abuso espiritual na igreja vai muito além do pastor abusivo. O abuso espiritual tem permissão para continuar porque apoiadores protegem o pastor e tornam suas atitudes possíveis.

INSISTIR QUE O PROCESSO DEVIDO NÃO TENHA CONTINUIDADE

No filme *Mera coincidência*, de 1997, uma sátira política, o gerenciador de crises Conrad Brean, interpretado por Robert De Niro, apresenta o fator mais importante no controle de uma narrativa:

---

[145] F. Remy Diederich, *Broken Trust: A Practical Guide to Identify and Recover from Toxic Faith, Toxic Church, and Spiritual Abuse* (Columbia, SC: Life-Change, 2017), p. 75.

"Para mudar a história, mude o assunto."[146] Em outras palavras, faça do assunto principal algo diferente do suposto crime cometido. Essa é uma estratégia designada para *virar o jogo*.

Para advogados de defesa com a intenção de desviar a atenção da culpa de seu cliente, esse é um conselho muito importante. E uma das táticas legais mais comuns designadas para "mudar o assunto" é registrar inúmeras objeções processuais: Não havia mandado. Nenhum aviso de direito ao silêncio foi dado. O júri não recebeu as instruções adequadas. Em pouco tempo, a conversa deixa de ser a respeito do crime e se torna a respeito do processo. E é exatamente isso que a defesa do réu quer.

Não é diferente em casos de abuso na igreja. Pastores abusivos muitas vezes desviam a atenção do que fizeram ao emitir reclamações de que os procedimentos adequados não foram seguidos. Eles contestam tanto que começam a parecer as vítimas, e os indivíduos abusados aparentam ser os verdadeiros criminosos.

Em muitos dos casos que estudei, não era incomum que problemas processuais se tornassem o centro para que o abuso em si fosse praticamente esquecido. As pessoas estavam revoltadas, mas não era com o comportamento abusivo do pastor. Em vez disso, a revolta era com o fato de certos passos não terem sido seguidos durante o processo. Na mente deles, era o pastor abusivo quem havia sido maltratado; ele era a *verdadeira* vítima. Na maioria das vezes, essas mesmas pessoas expressavam pouco interesse em como as vítimas foram tratadas.

É claro, um processo judicial exato e justo importa, assim como nas cortes seculares. Em qualquer caso no qual uma pessoa

---

146 *Wag the Dog* [*Mera coincidência*], dirigido por Barry Levinson (Baltimore Pictures and TriBeCa Productions, 1997).

é acusada, temos de nos certificar de que seja tratada justa e imparcialmente. Mas devemos nos preocupar caso as questões processuais se tornem tão centrais a ponto de o abuso pastoral em si ser esquecido.

De todas as objeções processuais, uma é proferida com mais alarde do que qualquer outra: *as vítimas não seguiram Mateus 18.* Então, vamos abordar essa objeção em detalhes. Aqui está o trecho na íntegra:

> “— Se o seu irmão pecar contra você, vá e, a sós com ele, mostre-lhe o erro. Se ele o ouvir, você ganhou o seu irmão. Mas, se ele não o ouvir, leve com você mais um ou dois outros, porque “qualquer acusação precisa ser confirmada pelo depoimento de duas ou três testemunhas”. Se ele se recusar a ouvi-los, conte à igreja; e, se ele se recusar a ouvir também a igreja, trate-o como gentio ou publicano (Mateus 18:15-17).

Embora a passagem de Mateus 18 seja importante para lidar com os pecados em uma congregação, ela não é completa; não serve para abordar ou resolver todos os cenários possíveis. Infelizmente, às vezes é tratada como uma cura universal que pode ser aplicada a todas as situações. Aqui estão esclarecimentos importantes que se provam relevantes em casos específicos de abuso.

Primeiro, temos de nos lembrar que Mateus 18 se aplica somente a *indivíduos contra quem algum pecado foi cometido.* O texto não diz apenas: “Se o seu irmão pecar”, mas “Se o seu irmão pecar *contra você*”.[147] Assim, a passagem não se aplica a

[147] Na English Standard Version (ESV), as palavras traduzidas por “contra você” (Mateus 18:15) aparecem em itálico. Essas palavras em itálico não estão presentes em alguns manuscritos cristãos mais antigos, por isso algumas

toda situação em que alguém pode acusar outro de pecado. Por exemplo, se um membro de uma equipe da igreja testemunhou o abuso do pastor contra *outros* membros da equipe, não é obrigado a tratar antes com o pastor. Ele pode ir ao conselho e reportar o mau comportamento. Na realidade, a passagem de 1Timóteo 5:19 — "Não aceite acusação contra um presbítero, a não ser que seja apoiada por duas ou três testemunhas" — implica que tais acusações contra um presbítero podem ser levadas diretamente à liderança da igreja.

Pastores abusivos são, de maneira compreensível, ávidos em impedir que esse tipo de queixa chegue ao conselho administrativo. Portanto, os defensores do pastor ou ele mesmo muitas vezes repreendem o acusador ao dizer algo como: "Por que você não foi falar com o pastor antes, como Mateus 18 ordena?" O problema é que Mateus 18 não se aplica a esse caso.

É importante notar que, alguns versículos depois, Jesus apresenta um exemplo positivo de reporte direto quando uma pessoa peca contra outra: o servo inclemente que maltrata alguém que lhe deve dinheiro (Mateus 18:21-35). Quando os outros servos percebem esse mau comportamento, não o confrontam diretamente. Em vez disso, o texto diz: "Quando os servos que eram companheiros dele viram o que havia acontecido, ficaram muito

---

traduções as deixam de fora. No entanto, a maioria dos testemunhos escritos contém essas palavras, inclusive o de muitos pais da igreja, o que leva muitos estudiosos a defenderem a originalidade das palavras; por exemplo, W. D. Davies e D. C. Allison, *The Gospel According to Saint Matthew*, ICC (Edimburgo: T&T Clark, 1997), p. 782, nota 3; R. H. Gundry, *Matthew: A Commentary on His Handbook for a Mixed Church under Persecution* (Grand Rapids: Eerdmans, 1994), p. 367; David L. Turner, *Matthew*, Baker Exegetical Commentary on the New Testament (Grand Rapids: Baker Academic, 2008), p. 444.

tristes e foram contar tudo ao seu senhor" (v. 31). O senhor não questionou: "E vocês já confrontaram o servo inclemente?" Não, neste caso, a regra não se aplica.

Segundo, ainda que o acusador devesse ter seguido Mateus 18, mas tenha falhado em fazê-lo, isso não significa que o conselho ou outro órgão possa ignorar os pecados do pastor abusivo. Alguns pastores abusivos tratam Mateus 18 como se fosse uma garantia do direito ao silêncio, o qual determina que, se os procedimentos técnicos não forem seguidos, não poderão ser processados pelo crime. No entanto, falhar em obedecer às instruções de Mateus 18 não dá a alguém um "passe livre da prisão". A igreja ainda tem de responsabilizar o pastor por suas ações abusivas mesmo se o acusador não seguiu os passos corretos. Claro, o erro do acusador também deve ser abordado, porém não pode haver tentativa de equiparar as duas questões, como se falhar em seguir Mateus 18 fosse equivalente a ser um pastor abusivo.

Terceiro, mesmo que o acusador siga Mateus 18 e o pastor abusivo admita alguma transgressão, isso não significa que o comportamento não deva ser reportado à liderança da igreja. Alguns pastores *querem* que as vítimas sigam Mateus 18 para poderem "resolver" a questão com um pedido rápido de desculpas e seguir em frente sem que mais ninguém saiba. Em outras palavras, pastores abusivos às vezes usam Mateus 18 como método de silenciar as vítimas e manter seu histórico de conflitos por baixo dos panos.

Contudo, alguns erros são, de fato, sérios o suficiente para que um membro seja justificado ao reportá-los a um órgão de liderança superior, ainda que o pastor abusivo pareça pesaroso. Com certeza, isso inclui comportamentos criminosos nos quais ações legais têm de ser tomadas. Mas pode-se argumentar que um membro tem razões para reportar comportamento espiritualmente abusivo em casos de ataques verbais, repreensão e humilhação de membros da igreja, ameaças de demitir um funcionário, entre outros. Relatar esse comportamento àqueles que são responsáveis por supervisionar o ministério desse pastor não viola Mateus 18.

Quarto, alguns casos de abuso são tão severos que fazer a vítima confrontar o pastor abusivo em particular é uma atitude irresponsável. Por exemplo, se um pastor faz investidas sexuais sobre uma funcionária, seria, nas palavras de McKnight e Barringer, "indesculpável e psicologicamente violento" insistir que ela se encontrasse face a face com o ofensor.[148] Aliás, nenhum marido piedoso, ao descobrir o que aconteceu com sua esposa, a forçaria a um encontro reservado com alguém sob o pretexto de Mateus 18.[149] Entretanto, no caso de Bill Hybels, as vítimas mulheres foram repreendidas por não seguirem Mateus 18 e se encontrarem com Hybels em particular.[150]

Será que essas mesmas preocupações se aplicam a certos casos de abuso espiritual? Acredito que sim. De novo, pode-se compreender por que um marido tem o direito de se recusar a

---

[148] Scot McKnight e Laura Barringer, *A Church Called Tov: Forming a Goodness Culture That Resists Abuses of Power and Promotes Healing* (Carol Stream, IL: Tyndale, 2020), p. 49 [*Uma igreja chamada tov: A formação de uma cultura de bondade que resiste a abusos de poder e promove cura* (São Paulo: Mundo Cristão, 2022)]. Veja também Erwin W. Lutzer, *When You've Been Wronged: Moving from Bitterness to Forgiveness* (Chicago: Moody, 2007), p. 140 [*Quando a reconciliação falha: partindo da amargura para o perdão* (Rio de Janeiro: CPAD, 2008)].

[149] Craig L. Blomberg, "On Building and Breaking Barriers: Forgiveness, Salvation and Christian Counseling with Special Reference to Matthew 18:15-35", *Journal of Psychology and Christianity* 25, n.º 2 (2006): 138, https://ixtheo.de/Record/1644497689.

[150] McKnight e Barringer, *Church Called Tov*, p. 49.

permitir que a esposa vá sozinha ao encontro de um pastor que a intimidou e afrontou verbalmente. Como Lisa Oakley, especialista em abuso espiritual, afirmou com relação a Mateus 18: "Quando chegamos a uma situação de abuso espiritual, há uma incompatibilidade de poder. E, na verdade, tentar reunir as pessoas em um ambiente no começo não é algo que você faria com outras formas de abuso."[151]

Embora os limites nem sempre sejam claros e existam áreas incertas que possam ser debatidas, temos de nos lembrar de que Mateus 18 não é uma passagem extensiva que se aplica a cada cenário concebível.

Aqui está o ponto: se um pastor é acusado de comportamento abusivo, fique atento caso questões processuais se tornem a maior preocupação de todos os envolvidos.

AFIRMAR SER VÍTIMA DE CALÚNIA

Se um pastor é acusado de abuso espiritual, não seria surpreendente, tampouco inapropriado, que declarasse a própria inocência. Ele pode, de fato, ser inocente. Todavia, é completamente diferente um pastor declarar que foi caluniado. Isso é mais do que uma afirmação de inocência; é uma contestação agressiva de que o próprio acusador é responsável por comportamento desprezível e pecaminoso. É uma forma de apresentar a si mesmo como vítima e os acusadores como o problema. Em outras palavras, uma metodologia que tem como objetivo *virar o jogo*.

---

[151] Morgan Lee, "Why Steve Timmis Was Accused of 'Spiritual Abuse'", 13 de fevereiro de 2020, em *Quick to Listen*, produzido por *Christianity Today*, *podcast*, 33:50, https://www.christianitytoday.com/ct/podcasts/quick-to-listen/steve-timmis-crowded-house-spiritual-abuse-acts29.html.

As contra-acusações de calúnia, ou fofoca, são mais do que comuns em casos de abuso espiritual. Vez após vez, pastores abusivos afirmam que são vítimas de uma trama conspiratória contra eles porque seus inimigos se uniram para macular seu bom nome. Como vimos, Hybels fez esta declaração em sua entrevista ao *Chicago Tribune*: "Este tem sido um ataque calculado e contínuo contra os presbíteros e contra mim por quatro longos anos."[152] Mike Cosper, em seu *podcast The Rise and Fall of Mars Hill* [A ascensão e a queda de Mars Hill], notou a mesma tendência: "Há um claro padrão nas igrejas em conflito no qual líderes que querem reprimir o conflito o abordam ao chamá-lo de 'fofoca' e rotular aqueles que relatam sua história como 'causadores de divisão' ou 'lobos'."[153]

Líderes abusivos também usam a categoria de calúnia para a própria vantagem de outra forma. Algumas igrejas e organizações desenvolvem um ambiente no qual qualquer um que falar de maneira negativa sobre o líder será acusado de difamação. Em outras palavras, esses grupos silenciam as pessoas ao *ameaçá-las* (seja explícita ou implicitamente) com acusações potenciais de difamação. Essa conduta agressiva cria uma cultura ministerial em que as pessoas vivem com medo de que, se um dia falarem, serão castigadas, condenadas ou demitidas. Quando um dos membros da equipe de Ravi Zacharias falou sobre o comportamento problemático do líder, esse indivíduo foi censurado por "espalhar rumores".[154]

---

[152] Pashman e Coen, "Willow Creek Pastor Denies Misconduct Allegations".

[153] Mike Cosper, "I Kissed Christianity Goodbye", 19 de agosto de 2021, em *The Rise and Fall of Mars Hill*, produzido por *Christianity Today*, *podcast*, 15:48, https://www.christianitytoday.com/ct/podcasts/rise-and-fall-of-mars-hill/.

[154] Daniel Silliman, "RZIM Will No Longer Do Apologetics", *Christianity Today*, 10 de março de 2021, https://www.christianitytoday.com/news/2021/march/ravi-zacharias-rzim-name-change-abuse-victims-call.html.

Esse medo cala as pessoas. Em diversos casos de abuso espiritual que estudei, o pastor abusivo maltratava membros da equipe — até por muitos anos —, porém eles não sabiam que outros membros sofriam o mesmo tratamento. Todos presumiam que a situação era um caso isolado. O motivo por trás desse silêncio ficou claro: se falassem coisas negativas sobre o pastor sênior para outra pessoa da equipe, sabiam que poderiam ser acusados de calúnia e era provável que fossem demitidos. Então, por medo, ficavam todos calados. Isso permitia que o abuso continuasse por anos sem que outros soubessem.

Como as igrejas e organizações cristãs evitam criar uma cultura na qual as pessoas tenham medo de falar? Primeiro, elas têm de se certificar de que saibam a definição correta de *calúnia*. Embora o termo seja usado com frequência, muitas vezes é mal compreendido. Calúnia não é apenas dizer algo negativo sobre outra pessoa; é dizer algo negativo, *apesar de saber que é mentira (ou pelo menos não ter fundamento para pensar que é verdade)*. Em outras palavras, calúnia envolve uma intenção maliciosa de prejudicar a reputação de outras pessoas ao espalhar mentiras sobre elas (2Samuel 10:3; 1Reis 21:13; Provérbios 6:16-19; 16:28; Salmos 50:19,20).[155]

Aqui precisamos pausar e considerar que a calúnia é um pecado muito sério. Mentir sobre outra pessoa é algo que o Senhor detesta (Provérbios 6:16). Essas mentiras podem destruir a reputação e o ministério de alguém. Contudo, dizer a verdade não é calúnia. Falar a respeito do comportamento abusivo de um pastor, desde que de maneira apropriada, não é calúnia.

---

[155] Joseph M. Stowell, *The Weight of Your Words: Measuring the Impact of What You Say* (Chicago: Moody, 1998), define calúnia como "o compartilhamento intencional de informações prejudiciais" (p. 40). Mas falta a essa definição a clareza necessária. Para que algo seja calúnia, não pode ser somente prejudicial; também tem de ser uma inverdade.

Há uma rica ironia, então, quando o pastor acusado faz uma forte contra-acusação de calúnia. Se ele não tem evidência de que o acusador está mentindo, *o próprio pastor pode ser culpado de calúnia*. Ou seja, o pastor expressando preocupação por acusações injustas pode, na verdade, ser responsável por acusações injustas contra outra pessoa. E, quando os defensores do pastor repetem a afirmação de que ele é vítima de calúnia — sem qualquer evidência de que os acusadores têm intenção maliciosa —, também podem ser culpados de calúnia.

Alguém pode se questionar o que significa se houver uma investigação eclesiástica e o pastor abusivo for absolvido. Isso de repente torna as acusações originais caluniosas? Nem um pouco. Já percebemos como pode ser difícil um pastor ser declarado culpado de abuso espiritual. Todas as probabilidades estão contra a condenação. Afinal, a investigação inicial de Steve Timmis, James Mac Donald e Bill Hybels resultou em alguma forma de exoneração. Portanto, uma "absolvição" não necessariamente prova que as acusações iniciais estavam erradas. Pode significar apenas que não havia evidências explícitas suficientes ou talvez que o órgão investigador fora incapaz de condenar um dos seus. De qualquer forma, se a vítima teve boa-fé em suas queixas, nenhuma calúnia foi cometida.

Uma rápida palavra sobre fofoca, que é uma prima da calúnia.[156] As duas são semelhantes no fato de que ambas envolvem relatos negativos. Mas, enquanto a calúnia é falsa, a fofoca pode ser verdadeira. O problema com a fofoca não é que consiste em

---

[156] Para mais a respeito, veja Kate Shellnutt, "Why Defining Gossip Matters in the Church's Response to Abuse", *Christianity Today*, 20 de abril de 2021, https://www.christianitytoday.com/ct/2021/may-june/gossip-bible-definition-response-abuse-criticism.html.

falsa informação, mas que se trata de informação compartilhada com intenção maliciosa, isto é, prejudicar a reputação de alguém ou para divertir ou para atiçar outras pessoas.

A fofoca também é um grave pecado que as igrejas devem tratar. Mas precisamos nos lembrar de que nem todos relatos negativos são fofoca. Uma pessoa pode compartilhar uma denúncia contra alguém sem intenção maliciosa. Na verdade, vítimas de abuso podem relatar sua história por muitas razões *legítimas*: para receber conselhos sobre como proceder, para ser aconselhadas e encorajadas pelo que sofreram ou para alertar outros a respeito do mau comportamento do pastor. O último motivo é particularmente digno de atenção. Pode-se até dizer que um membro da igreja tem a obrigação moral de falar sobre o mau comportamento do pastor para proteger outros membros de serem prejudicados. Paulo parece agir dessa forma ao alertar sobre o comportamento de Alexandre, o ferreiro: "Previna-se contra ele, porque se opôs fortemente às nossas palavras" (2Timóteo 4:15).

Segundo, além de entender a definição de *calúnia*, as igrejas precisam evitar criar uma cultura de medo da calúnia ao aferir, com honestidade e justiça, *a probabilidade de falsas acusações de abuso contra um pastor*. Em algumas igrejas, membros são vistos com um espírito de suspeita, como se estivessem sempre prestes a mentir ou fazer falsas acusações contra a liderança. O maior medo não é de que membros sejam abusados, mas de que um pastor seja abusado. Portanto, quando as pessoas levam suas queixas adiante, o posicionamento inerente é de que é provável que estejam mentindo e de que os membros precisam confiar no pastor e defendê-lo.

Entretanto, essas igrejas precisam considerar se esse posicionamento inerente é justificado. Existe uma epidemia de falsas acusações de abuso contra pastores? As estatísticas mostram que os membros da igreja são suscetíveis a mentir sobre abuso? Todos os indicadores que temos sugerem que a resposta é não. Embora não existam estatísticas concretas de acusações de abuso espiritual, a porcentagem de falsas acusações em casos de abuso sexual está entre 2% e 7%.[157] E, como a maioria dos casos de abuso não é relatada, é provável que a real porcentagem seja mais baixa ainda. Se houver um paralelo com o abuso espiritual — e as duas formas de abuso muitas vezes estão atreladas —, temos poucos motivos para pensar que falsas acusações são um problema estatisticamente significativo.

As igrejas também precisam considerar o *enorme preço* que as pessoas pagam quando vão adiante e falam sobre o abuso espiritual. Em geral, são desacreditadas, têm seu caráter atacado e prejudicado, e são expulsas da igreja que amam (veja exemplos no capítulo 6). O que as motivaria a mentir sobre as acusações? O que teriam a ganhar? Muitas vezes, têm tudo a perder.

Isso não significa que as pessoas nunca mintam a respeito de um pastor ser abusivo. É claro que mentem. E, quando isso acontece, deve ser levado muito, muito a sério. Não devemos, porém, presumir que o acusador está mentindo.

Pode-se argumentar que existam outros tipos de falsas acusações além de mentir. Mesmo se os acusadores não estiverem mentindo, podem estar *enganados* a respeito das queixas. Podem *pensar* que sofreram o abuso quando, na verdade, não sofreram;

---

[157] Alan Stucky, "Stop Living in Fear of a False Report", *Dove's Nest*, 23 de junho de 2016, https://dovesnest.net/Stop-Living-in-Fear-of-a-False-Report. Stuckey se refere ao relatório do National Sexual Violence Resource Center (NSVRC): https://www.nsvrc.org/publications/false-reporting-overview.

podem ter uma personalidade sensível demais que os levou a exagerar sobre o que aconteceu. Eles apenas exageraram.

Justo. Essa importante possibilidade tem de ser considerada e é mais uma razão para uma investigação externa independente (mais a respeito disso no capítulo 7). Enquanto isso, existe um fator que pode ajudar a esclarecer se um acusador fez tempestade em copo d'água ou não: Apareceu mais de um acusador? Se diversas pessoas apresentaram histórias e queixas semelhantes, sua credibilidade tem aumento considerável. É difícil imaginar que todas essas pessoas partilhem da mesma inclinação a exagerar e ver algo que não aconteceu. Isso é possível? Sim, é possível. Mas é provável? Na maioria dos casos, não.

Infelizmente, até quando múltiplos testemunhos surgem, isso não quer dizer que acreditarão neles. Em muitos dos casos que estudei, várias testemunhas contaram a mesma história de assédio e intimidação. Ainda assim, a liderança da igreja não acreditou nos relatos. Esses casos demonstram mais uma vez quão difícil é processar o abuso espiritual.

ATACAR O CARÁTER DAS VÍTIMAS

Durante o julgamento de abuso sexual de Harvey Weinstein em 2020, as táticas agressivas de sua advogada "rottweiler",[158] Donna Rotunno, rapidamente se tornaram o foco das reportagens. Em vez de defender Weinstein como um homem bom e decente que jamais poderia fazer nada daquilo, ela adotou uma

---

[158] Ed Pilkington, "Donna Rotunno: The Legal Rottweiler Leading Harvey Weinstein's Defense", *Guardian*, 9 de fevereiro de 2020, https://www.theguardian.com/film/2020/feb/09/donna-rotunno-lawyer-leading-harvey-weinsteins-defense.

abordagem ultrapassada da terra arrasada: *destruir o caráter das vítimas.*[159] Ao longo do julgamento de sete semanas, sua estratégia era apresentar as vítimas como manipuladoras oportunistas que usavam o sexo com o produtor para impulsionar a carreira. Ela interrogou uma pobre vítima por nove horas, de modo que esta chorou de modo incontrolável durante a audiência.

Sua mensagem era simples: as testemunhas eram as verdadeiras ofensoras, não Weinstein.

Essa mesma tática defensiva é uma das mais comuns em casos de abuso espiritual. E pastores abusivos muitas vezes têm a própria equipe de "advogados" que estão mais do que dispostos a entrar no jogo. Em diversos casos, líderes abusivos mudam o foco para todas as falhas de caráter e comportamento de seus acusadores. Em outras palavras, é uma tática que tem como objetivo *virar o jogo*. E funciona. A razão pela qual vítimas de abuso costumam ter medo de denunciar é que elas viram o que aconteceu com aqueles que o fizeram. Elas podem ver que aqueles que falaram no passado tiveram a vida destruída e não querem ter o mesmo destino.

Esse ataque ao caráter das vítimas acontece de várias formas. Primeiro, o pastor abusivo pode trazer à tona os *pecados passados* das vítimas. Como todos são pecadores, não deveria ser surpreendente o fato de vítimas de abuso pecarem. E, porque o pastor abusivo teve, na maioria dos casos, um relacionamento longo com as vítimas, ele tem familiaridade com os padrões pecaminosos delas. Além disso, como vimos no capítulo 2, igrejas abusivas tendem a pressionar os membros a confessar abertamente seus pecados mais obscuros. Assim, o líder abusivo está bem posicionado para retaliar ao desenterrar todos os problemas na vida das testemunhas.

---

[159] Pilkington, "Donna Rotunno".

Como também vimos no capítulo 2, existem motivos para duvidar das alegações do pastor a respeito dos pecados das vítimas. Com frequência, o pastor abusivo está errado com relação aos pecados de alguém ou ao menos exagera. Apesar disso, a tática ainda funciona. Por medo de terem seus pecados expostos, muitas vítimas evitam ir adiante e contar o que aconteceu. Em grande parte dos casos, elas apenas saem da igreja, na esperança de evitar a vergonha que poderia ser causada pela ira vingativa de um pastor sênior furioso.

Segundo, além de destacar pecados passados, o pastor abusivo pode atacar *a forma com que as vítimas lidam com o conflito*. Ele pode criar uma narrativa que retrata as vítimas como impenitentes, raivosas, cruéis e indispostas a se reconciliar, enquanto retrata a si mesmo como um pacificador que levantou a bandeira branca, porém foi rejeitado repetidas vezes.

Diversos fatores são ignorados nesse tipo de narrativa. Um deles é que, quando as pessoas são maltratadas e abusadas, elas podem revidar ou ficar irritadas. Sim, esse comportamento é pecaminoso, porém isso não nega o abuso do pastor ou o absolve da culpa. Se um valentão provoca uma criança na escola por meses e meses, e essa criança um dia se revolta, a culpa por toda a situação não muda de repente. O valentão ainda é responsável pelos meses de comportamento abusivo.

Aqui é onde a igreja precisa tomar muito cuidado. Em razão do que sofreu, muitas vezes "a vítima parece não ser cooperativa, bem como desconfiada, temerosa, irritada e insensível".[160] Ao mesmo tempo, o líder abusivo, pelo menos externamente, muitas

---

[160] Leslie Vernick, in: Brad Hambrick, ed., *Becoming a Church That Cares Well for the Abused* (Nashville: Broadman and Holman, 2019), p. 116.

vezes aparenta ser cooperativo e a favor da reconciliação ao colaborar com o processo. Aliás, "Ele parece entendê-lo e se esforça para mudar".[161] O perigo é que pode começar a parecer que o abusador é o mocinho e a vítima é o vilão. E isso costuma levar a um resultado trágico, "a equipe de apoio e de cuidado pastoral se reúne em torno do abusador, que [aparenta] se esforça tanto para se reconciliar".[162]

Contudo, estudos anteriores sobre abuso mostraram que essa percepção externa do abusador e da vítima é só isso, uma percepção externa.[163] Uma vez que o líder abusivo é confrontado por suas ações pecaminosas e chamado ao arrependimento, muitas vezes acontece de seu espírito cooperativo desaparecer e ele começar a atacar quem o responsabiliza. Além disso, conforme as vítimas ganham tempo e espaço para se curar e recuperar, as paredes defensivas tendem a cair, e elas começam a confiar outra vez.

Em outras palavras, o líder abusivo está feliz em levantar uma bandeira branca, contanto que jamais tenha de admitir qualquer falha. Como Saruman em *O Senhor dos Anéis*, ele não se arrependerá de suas ações, mas ainda insiste em mediar "paz" com as vítimas. Como vimos no capítulo anterior, isso permite que ele pareça superior, alguém que quer se reconciliar, embora jamais admita os profundos danos que cometeu.

Terceiro, às vezes vítimas são acusadas de ter *mentalidade vitimista*. Em diversos testemunhos que li, as vítimas foram retratadas como pessoas que se ofendem com facilidade pelas expressões legítimas de autoridade pastoral. Esse tipo de declaração

---

[161] Leslie Vernick, in: Hambrick, *Becoming a Church*, p. 116.
[162] Leslie Vernick, in: Hambrick, *Becoming a Church*, p. 116.
[163] Hambrick, *Becoming a Church*, p. 107-120.

funciona bem em igrejas que se irritam com o que veem como a mentalidade vitimista prevalente em nossa cultura.[164] Para essas igrejas, o problema não é o pastor opressivo, e sim os membros "progressivos" da igreja que são sensíveis demais.

Relacionada a esse tipo de tática está a afirmação adicional de que não se pode confiar no testemunho dessas vítimas porque a experiência delas provavelmente afeta seu julgamento. Argumenta-se que elas estão muito próximas de tudo. São sensíveis em excesso e, portanto, não são confiáveis. Essa estratégia costuma ser usada se a vítima que fez a denúncia for mulher. É fácil demais para um pastor abusivo convencer seus colegas presbíteros homens de que uma mulher não é digna de confiança porque ela, como todas as mulheres, é muito sensível, por isso não podem confiar nela (diferentemente dele, é claro).

Além da profunda falta de caridade e compaixão nessa resposta, sem mencionar a forma desprezível como retrata mulheres, ela também tem falhas lógicas. Por exemplo, por que as vítimas de abuso são as únicas cuja experiência pessoal atrapalha o julgamento? A experiência pessoal dos presbíteros da igreja não afeta o julgamento *deles*? Uma experiência positiva pessoal na igreja tornaria mais difícil a identificação do abuso? Ou levaria alguém a acreditar que é excepcionalmente improvável? E a amizade deles com o pastor não afeta o julgamento deles?

Aliás, jamais aplicaríamos esse argumento em outras esferas da vida. E se descontarmos o incrível testemunho de Harriet Tubman sobre o caso terrível de abuso que ela e outros sofreram

---

[164] Bradley Campbell e Jason Manning, *The Rise of Victimhood Culture: Microaggressions, Safe Spaces, and the New Culture Wars* (Nova York: Palgrave Macmillan, 2018).

como escravos porque insistimos em que a experiência dela deve ter afetado seu julgamento? Será que sugeriríamos que ela estava suscetível ao exagero porque estava muito perto de tudo aquilo e, portanto, sensível demais, provavelmente por ser mulher? Espero que não.

Quarto, não é incomum que um pastor abusivo invente acusações contra a vítima para melhorar a própria situação. Em testemunhos que li de uma igreja no sudoeste dos Estados Unidos, um pastor abusivo, para se defender da investigação, espalhou mentiras a respeito de um presbítero e sua esposa, dizendo aos membros que eles estavam tentando derrubá-lo para que o filho do casal se tornasse o novo pastor. Não havia evidência dessas alegações; elas eram uma completa invenção. Eu queria que essas mentiras absurdas em casos de abusos fossem raras, mas vi esse comportamento em diversas histórias.

Essas estratégias para difamar o caráter das vítimas são extremamente perturbadoras. Mas elas são usadas porque funcionam. A tragédia é que algumas igrejas têm permitido que esse tipo de contra-acusações seja usado contra vítimas de abuso, deixando-as expostas e desprotegidas. Isso deveria provocar um sério e profundo autoexame para qualquer líder cristão.

PROMOVER O PRÓPRIO CARÁTER E CONQUISTAS

O líder abusivo não somente está disposto a atacar o caráter das vítimas, como também tenta se gabar de seu próprio caráter e conquistas. Nesse ponto, apelos são feitos a tudo que o indivíduo fez para abençoar a igreja: ele trabalhou com fidelidade por vinte anos, plantou muitas outras igrejas, mentoreou incontáveis jovens pastores, foi um membro fiel de sua denominação, e mais.

Em resumo, pastores abusivos querem colocar seu currículo (cuidadosamente editado) à mostra.

Uma característica dessa estratégia é que o pastor abusivo muitas vezes consegue referências de caráter. Ele ou seus apoiadores podem organizar uma campanha para coletar declarações escritas de todo tipo de gente que ele abençoou ao longo dos anos, explicando que pastor maravilhoso, bondoso e generoso ele foi, como os ajudou em meio a um momento difícil, lhes deu bons conselhos ou foi um pastor cuidadoso.

Toda essa evidência é designada para criar dissonância cognitiva na mente do conselho ou de outro órgão mediador. Como um homem que realizou tantas coisas boas para o Reino ou ajudou tantas pessoas pode ser o mesmo homem que maltrata e oprime membros de sua igreja? Para resolver essa dissonância cognitiva, as pessoas tendem a presumir que as acusações não podem ser verdadeiras. Essa é outra forma com que pastores abusivos *viram o jogo*. Eles convencem as pessoas de que eles, não as vítimas, são confiáveis.

A maioria das igrejas não percebe que as conquistas ministeriais e referências de caráter *não são fatores que determinam se um pastor é abusivo ou não*. Praticamente qualquer líder cristão que tem atuado no ministério por um tempo considerável poderia exibir suas realizações e encontrar pessoas que foram abençoadas por seu ministério. Aliás, quantos pastores locais poderiam equiparar seus feitos aos de alguém como Ravi Zacharias? Ou Bill Hybels? Ou Mark Driscoll? Ainda assim, todos eles cometeram abuso.

Como vimos no capítulo 4, pastores abusivos têm dois lados. Um lado costuma ser caloroso, cuidadoso e cativante. O outro é bruto, frio e cruel. A maioria das pessoas viu apenas o lado bom do pastor abusivo. Então, não é tão surpreendente que esse indivíduo possa ter uma fonte abundante de referências de caráter. Contudo, isso não quer dizer que ele não seja abusivo.

APELAR À COMISERAÇÃO

Embora as vítimas de abuso espiritual tenham enfrentado imenso sofrimento (mais a respeito desse assunto no próximo capítulo), uma tática de líderes abusivos é falar sobre como *eles* sofreram. Fazem de tudo para descrever quão grande é seu sofrimento em razão do "conflito" não resolvido com aqueles que o acusaram. Dizem que perderam o sono, afundaram em ansiedade e estão "profundamente entristecidos" por toda a situação.[165] Até Saruman quis falar sobre os "danos que [lhe] foram causados".[166] Essa estratégia visa gerar comiseração não pelas vítimas, mas pelo abusador. Mais uma vez, o objetivo é *virar o jogo*.

Para produzir ainda mais comiseração, alguns líderes abusivos passam a apelar para o fato de quanto toda a situação afetou seu cônjuge ou sua família. Eles podem ressaltar quanto a esposa tem sofrido ou como os filhos estão inconsoláveis e decepcionados.[167] Essa tática é eficiente justamente porque *devemos* sentir empatia pelos familiares prejudicados pelo escândalo. Muitas vezes, o cônjuge e os filhos não estão cientes de como o pastor maltratou outras pessoas (embora algumas mulheres encorajem e defendam o comportamento abusivo do marido e às vezes até

---

[165] Wade Mullen, *Something's Not Right: Decoding the Hidden Tactics of Abuse and Freeing Yourself from Its Power* (Carol Stream, IL: Tyndale, 2020), p. 141-142.

[166] J. R. R. Tolkien, *The Two Towers* (Nova York: HarperCollins, 1999), p. 223 [*As Duas Torres: segunda parte de O Senhor dos Anéis* (Rio de Janeiro: Harper Collins Brasil, 2019)].

[167] Mullen, *Something's Not Right*, p. 92.

participem de suas artimanhas). Fato é que alguns tribunais eclesiásticos se sentem menos inclinados a indiciar esse pastor por dó da família, que "sofreu o bastante".

Todavia, a comiseração pela família não deve diminuir a necessidade de responsabilizar o pastor abusivo. Foi o comportamento *dele*, não o das vítimas, que trouxe dor à própria família. Em vez de culpar os outros, ele tem de assumir a responsabilidade por suas ações.

CONCLUSÃO

Por mais variados que os casos de abuso espirituais possam ser, líderes abusivos muitas vezes seguem a mesma cartilha estruturada para se defender. O propósito deste capítulo foi descrever e responder a cada passo dessa cartilha a fim de que as igrejas fiquem mais bem preparadas para proteger a congregação, em especial as vítimas que tiveram a coragem de ir adiante e contar suas histórias.

Infelizmente, nem todas as igrejas entendem as táticas discutidas, portanto muitas vítimas continuam sem proteção. Não são somente abusadas por seus pastores, como também desacreditadas e desprotegidas pela igreja. Assim, são abusadas duas vezes, muitas vezes com consequências trágicas. O próximo capítulo aborda as diversas consequências, para que as igrejas possam entender melhor o dano que pode ser causado caso falhem em responsabilizar pastores abusivos.

SEIS

SOFRENDO EM SILÊNCIO

As consequências devastadoras do abuso espiritual

Há certos ferimentos que não podem ser totalmente curados.

— GANDALF

A fantástica narrativa de J. R. R. Tolkien, *O Senhor dos Anéis*, não termina como a maior parte dos livros de aventura. Embora Sauron e as forças das trevas tenham sido enfim derrotados, e conquanto haja muita alegria e celebração por causa da vitória, Tolkien é mais honesto do que a maioria a respeito das consequências recorrentes de conflitos profundos e duradouros. Frodo, o protagonista e herói, não vive feliz para sempre, como talvez esperássemos e imaginássemos. Apesar de voltar para o Condado e para seu amado Bolsão, Frodo sabe que jamais será o mesmo: "[...] como se segue em frente, quando, no íntimo, começa-se a entender que não há volta? Há certas coisas que o tempo não pode curar. Algumas feridas são tão profundas que nos acompanham para sempre."[168]

Então, em uma conversa com seu companheiro Sam, Frodo se dá conta de que sua dor pode não ser decorrente de salvar o Condado para si mesmo, mas de salvá-lo para outros. Essa troca é muito comovente.

> "— Mas — disse Sam, com as lágrimas brotando em seus olhos —, achei que o senhor também ia desfrutar do Condado, por muitos e muitos anos, depois de tudo o que fez.
>
> — Eu também já pensei desse modo. Mas meu ferimento foi muito profundo, Sam. Tentei salvar o Condado, e ele foi salvo, mas não para mim. Muitas vezes, precisa ser assim, Sam, quando as coisas correm perigo: alguém tem de desistir delas, perdê-las, para que outros possam tê-las.[169]

Aqueles que sofreram abuso espiritual se sentem como Frodo. Embora tentem retomar a vida antiga, percebem que as coisas jamais serão como eram. Algumas feridas são profundas. Muitas vezes, seu único consolo, assim como com Frodo, é de que sua coragem para erguer a voz pode ter protegido e salvado outras pessoas. Ainda que nunca vejam a beleza da igreja da mesma maneira outra vez, talvez suas ações tenham preservado a igreja para que outros possam vê-la assim.

Infelizmente, algumas igrejas minimizaram o problema, sem perceber a profundidade dessas feridas, às vezes até insistindo

---

[168] Do filme *Return of the King* [*O retorno do rei*] (New Line Cinema, 2003). Para a versão no livro, veja J. R. R. Tolkien, *The Return of the King* (Nova York: Ballantine, 1965), p. 331 [*O Senhor dos Anéis: o retorno do rei* (Rio de Janeiro: Harper Collins Brasil, 2019)].

[169] Tolkien, *Return of the King*, p. 382.

em que as vítimas precisavam "superar" e seguir em frente. O propósito deste capítulo é combater esse equívoco ao explorar de maneira mais detalhada as feridas do abuso espiritual. Se as igrejas devem ser motivadas a agir — a serem proativas em vigiar contra pastores abusivos —, elas têm de se voltar para as devastadoras consequências do abuso espiritual.

CONSEQUÊNCIAS EMOCIONAIS

Começamos com as consequências mais óbvias do abuso espiritual; ele provoca caos no estado emocional da pessoa abusada. Estudos revelam que as vítimas têm dificuldades com diversas emoções por anos, talvez até para o resto da vida.

Medo. Essa é uma das emoções mais predominantes para aqueles que sofreram abuso.[170] Ele pode ser debilitante e incapacitante em casos extremos. As vítimas temem diversos fatores: retaliação do pastor abusivo, arruinar a própria reputação, perda do emprego e sustento, alienação dos amigos e da igreja. Algumas também têm medo de cometer erros no complicado processo judicial que muitas vezes acontece em casos de abuso. Por exemplo, podem questionar: "Com quem posso falar? Que passos devo dar? E se eu confiar em alguém e essa pessoa se virar contra mim?" E muitas temem o futuro: "Será que algum dia vou me recuperar da dor? A minha vida algum dia voltará a ser a mesma?"

O medo é uma das armas mais potentes nas mãos de um pastor abusivo. Em muitos casos, membros da igreja sentem medo de denunciar porque sabem o que acontece com aqueles

---

[170] Lisa Oakley e Justin Humphreys, *Escaping the Maze of Spiritual Abuse: Creating Healthy Christian Cultures* (Londres: SPCK, 2019), p. 72-74.

que o fazem. Cada vida destruída que o pastor deixa para trás é um sinal de alerta para os que permanecem na igreja.

Raiva. Ela é prima do medo, que, para muitos, naturalmente leva à raiva. Vítimas de abuso espiritual por vezes relatam ira profunda que jamais sentiram. Esse sentimento pode estar focado em várias direções: raiva do abusador por seu tratamento, da liderança da igreja por falhar em protegê-las, dos amigos que as traíram, das mentiras e comentários depreciativos feitos a seu respeito, da falta de justiça e responsabilização. Além disso, muitos costumam sentir raiva de Deus (Por que o Senhor não impediu o abuso? Por que o Senhor não responsabilizou o pastor abusivo?) ou até raiva de si mesmos (Por que permiti que isso acontecesse? Por que não previ isso?).

Vergonha. Como acontece com outros tipos de abuso (físico, sexual), as vítimas de abuso espiritual também sentem grande vergonha.[171] Essa emoção é contraditória, porque as vítimas não são culpadas pelo que lhes aconteceu. A vergonha, porém, ainda afeta aqueles que sofreram abuso, por dois motivos. Primeiro, questionam se toda essa situação poderia ser, de alguma forma, sua culpa. Visto que o líder abusivo faz tentativas de manipular as vítimas com acusações — "Você é insubordinado", "Você é uma pessoa difícil de lidar", "Você é o problema" —, elas às vezes questionam se essas afirmações são verdadeiras. De forma trágica, em muitos casos, as vítimas têm dificuldade de tirar as palavras do pastor abusivo da cabeça.

Segundo, algum nível de vergonha provém de imaginar o que as outras pessoas pensam a seu respeito. Como o pastor

---

[171] F. Remy Diederich, *Broken Trust: A Practical Guide to Identify and Recover from Toxic Faith, Toxic Church, and Spiritual Abuse* (Columbia, SC: Life-Change, 2017), p. 101-104.

abusivo e seus "advogados" costumam atacar a reputação da vítima, elas tendem a sentir que são culpadas aos olhos dos outros. Conforme interagem com as pessoas, se perguntam a todo tempo: "O que essa pessoa pensa a meu respeito? Ela acha que a culpa foi minha?" A insegurança com relação ao que os outros pensam gera um sentimento perpétuo de vergonha, ainda que saibam que são inocentes.

Depressão. A combinação de medo, raiva e vergonha muitas vezes gera depressão na pessoa abusada.[172] Em decorrência do que aconteceu com ela, pode sentir que a vida não tem significado, que não existe justiça, que não tem razão para viver como tinha antes. Essas pessoas enfrentam baixa energia, falta de motivação e períodos de desespero, desesperança e falta de interesse geral em atividades de que costumavam gostar. Esse tipo de depressão tem manifestações físicas e espirituais, as quais discutiremos nas próximas seções.

Transtorno de estresse pós-traumático. O TEPT não é incomum em casos de abuso espiritual. Após eventos assustadores, perigosos ou traumáticos, as pessoas sofrem por meses (até anos) com as sequelas desses eventos, como lembranças perturbadoras, medo, tristeza, nervosismo e crises de ansiedade.[173] Em resumo, "pessoas que têm TEPT podem se sentir estressadas ou assustadas

---

[172] Diederich, *Broken Trust*, p. 116.

[173] Diederich, *Broken Trust*, p. 92-93. Para uma análise útil de TEPT de uma perspectiva cristã, veja Greg E. Gifford, *Helping Your Family through PTSD* (Eugene, OR: Wipf and Stock, 2017); Paul Randolph, "Post Traumatic Distress", *Journal of Biblical Counseling* 25, n.º 3 (Summer 2007): 8-15; e Curtis Solomon, "Counseling Post-Traumatic Stress Disorder: Plotting the Course", Association of Certified Biblical Counselors, 24 de outubro de 2019, https://biblicalcounseling.com/resource-library/essays/counseling-post-traumatic-stress-disorder-plotting-the-course/.

mesmo quando não estão mais em perigo".[174] Para sobreviventes de abuso espiritual, experiências que lembram a situação com o pastor ou a igreja abusivos costumam provocar esses efeitos. Esses gatilhos podem ser algo simples, como ir à igreja, ouvir uma pregação ou ver indivíduos da igreja que antes frequentava.

Um fator complicador em casos de abuso espiritual é que o abuso é cometido por uma instituição ou pessoa que a vítima conhecia e em quem confiava, conhecido como "traição institucional".[175] Estudos mostraram que o abuso em um relacionamento de confiança é significativamente mais traumático do que o abuso cometido por um estranho. E existe uma confiança natural nutrida entre um membro da igreja e seu pastor (e com a liderança como um todo). Smith e Freyd mostram que essa traição tem impacto emocional substancial: "O trauma da traição está associado a índices mais altos de uma série de resultados, incluindo transtorno de estresse pós-traumático (TEPT), dissociação, ansiedade [e] depressão."[176]

CONSEQUÊNCIAS FÍSICAS

O best-seller de 2014 de Bessel van der Kolk, *O corpo guarda as marcas*, é uma jornada fascinante pelo relacionamento entre trauma e suas manifestações no corpo humano.[177] Quando o trauma acontece — quer seja um acidente de carro, quer seja assédio físico

---

[174] The National Institute of Mental Health, como citado em Gifford, *Helping Your Family through PTSD*, p. 7.

[175] Carly Parnitzke Smith e Jennifer Freyd, "Institutional Betrayal", *American Psychologist* 69, n.º 6 (Setembro de 2014): 575-87, https://doi.org/10.1037/a0037564.

[176] Smith e Freyd, "Institutional Betrayal", p. 577.

[177] Bessel van der Kolk, *The Body Keeps the Score: Brain, Mind, and Body in the Healing of Trauma* (Nova York: Viking, 2014) [*O corpo guarda as marcas* (Rio de Janeiro: Sextante, 2020)].

ou abuso espiritual —, o cérebro envia uma carga de adrenalina para ajudar a vítima a lidar com o trauma, normalmente pelo modo "fuga" ou "luta".[178] Uma onda de adrenalina tem resultados fisiológicos esperados: aumento da frequência cardíaca e da pressão arterial e tensão dos músculos.

Em uma situação normal, esses efeitos fisiológicos dissipam quando a ameaça passa. O problema para algumas vítimas de trauma é que os resultados fisiológicos continuam muito tempo após o término da situação ameaçadora. A adrenalina continua pulsando, o que pode trazer sérias consequências à saúde:

> "[...] tiveram a pressão sanguínea e frequência cardíaca elevadas drasticamente por causa do aumento do fluxo de adrenalina. Em condições normais, as pessoas reagem a uma ameaça com um aumento temporário de seus hormônios do estresse. Finda a ameaça, os hormônios se dissipam e o corpo volta ao normal. Entre os efeitos insidiosos de manter taxas de hormônios do estresse constantemente altas, estão problemas de memória e de atenção, irritabilidade e transtornos do sono. Além disso, essas taxas contribuem para muitos problemas de saúde a longo prazo, a depender de qual sistema fisiológico é mais vulnerável em cada pessoa.[179]

Van der Kolk prossegue em fazer mais uma observação crítica. Se o evento traumático inicial for um dos quais as vítimas *não podem escapar* — isto é, um evento em que são "imobilizadas, ficam presas ou impedidas de agir de forma eficiente"[180]

---

178 Van der Kolk, *Body Keeps the Score*, p. 46.
179 Van der Kolk, *Body Keeps the Score*, p. 46.
180 Van der Kolk, *Body Keeps the Score*, p. 54.

—, esse evento traumático será mais suscetível a deixar "cicatrizes duradouras".[181] Por quê? Porque o evento traumático é prolongado, de modo que permite a secreção contínua de "substâncias químicas de estresse" e "seus circuitos elétricos seguem liberando essas substâncias em vão".[182] Vítimas que sofrem desse tipo de trauma têm, portanto, maior probabilidade de apresentar efeitos fisiológicos a longo prazo.

Aqui podemos ver como o abuso espiritual pode ser particularmente prejudicial. Diferentemente do trauma de algo de que se pode fugir, o abuso espiritual costuma fazer as vítimas se sentirem presas e imobilizadas, sem nada que possam fazer para proteger a si mesmas, os seus familiares e a sua forma de sustento. Se aplicamos as palavras de Van der Kolk, elas são "impedidas de agir de forma eficiente". Em muitos casos, o abuso espiritual não apenas acontece por longos períodos, mas também, quando vem à tona, as vítimas são presas a um longo processo (na maioria das vezes, por anos) de disputas litigiosas e judiciais contra o pastor abusivo e a liderança da igreja. Esse processo, na verdade, prolonga o abuso. Dessa maneira, o trauma do abuso espiritual e emocional pode ser semelhante ao trauma do abuso físico ou sexual. Conforme Van der Kolk: "[...] um histórico de agressões emocionais e desatenção pode ser tão prejudicial quanto maus-tratos físicos e abuso sexual."[183]

Portanto, *o abuso espiritual tende a criar cicatrizes mentais profundas e críticas que, por sua vez, podem produzir consequências fisiológicas a longo prazo.*

---

181 Van der Kolk, *Body Keeps the Score*, p. 55.

182 Van der Kolk, *Body Keeps the Score*, p. 54.

183 Van der Kolk, *Body Keeps the Score*, p. 89-90.

Quando nos aprofundamos em casos de abuso espiritual, vemos essa verdade se manifestar. Vítimas de abuso muitas vezes sofrem de uma série de desconfortos físicos consistentes com TEPT: insônia, pressão arterial alta, fadiga crônica, tremores, problemas cardíacos, dores nas juntas e músculos, e até distúrbios autoimunes.[184]

CONSEQUÊNCIAS RELACIONAIS

Embora os impactos emocionais e físicos do abuso espiritual sejam dolorosos o bastante, o trauma *relacional* pode ser particularmente severo. Sobreviventes de abuso espiritual afirmam que tiveram diversos relacionamentos destruídos pelo comportamento do pastor abusivo, que é às vezes encorajado por um grupo de ávidos apoiadores e protetores. Ele realiza essa destruição ao utilizar as táticas de retaliação discutidas no capítulo 5. Essas rupturas relacionais muitas vezes são tão severas que a maioria nunca se cura.

O dano mais óbvio é que as vítimas são, em grande parte dos casos, expulsas da própria igreja e, assim, perdem o núcleo de relacionamentos e ministérios que trabalharam tanto para construir. Lembre-se do caso de Paul Petry, um dos pastores de Mars Hill que enfrentou Mark Driscoll e foi, em seguida, demitido e disciplinado. De acordo com o jornal de Seattle *The Stranger*, "Driscoll convocou a congregação de Mars Hill a banir a família Petry, afastando os pais e filhos de todos os amigos na comunidade

[184] Chuck DeGroat, *When Narcissism Comes to Church: Healing Your Community from Emotional and Spiritual Abuse* (Downers Grove, IL: InterVarsity Press, 2020), p. 138 [*Quando o narcisismo invade a igreja* (São Paulo: Mundo Cristão, 2024)]; Diederich, *Broken Trust*, p. 92-93.

da igreja que dedicaram tantos anos ajudando a edificar".[185] A exclusão social das vítimas de abuso também aconteceu na igreja de Steve Timmis, Crowded House. Segundo o relato do *Christianity Today*, "Deixar de estar em uma comunidade altamente relacional e unida para passar a ser considerado um estranho 'desenvangélico' e rebelde pode ser traumático".[186] Para os "refugiados" forçados a sair da igreja, era muito estranho ver membros da igreja pela cidade, pessoas de quem costumavam ser próximos, que um ex-membro disse que teria sido mais fácil sair do país.

O trauma desse tipo de exclusão é mais do que as vítimas apenas sentirem falta da antiga igreja, pois envolve a realidade de que esta se virou contra elas e as considera desordeiras, problemáticas e caluniadoras. Em outras palavras, é a reviravolta — passar de um membro fiel para um exilado — que causa tamanha desolação. Como um sobrevivente de abuso testemunhou:

> "As emoções de raiva, culpa, vergonha e um sentimento de luto e perda das amizades e da "família" podem ser esmagadoras e, em muitos casos, parece que não existe nenhuma saída. Os amigos se calam. A família acabou. A palavra se espalha rapidamente para outros círculos espirituais; eles serão considerados problemáticos ou apenas "carentes" de cura? Alguém acreditará neles?[187]

---

185 Brendan Kiley, "Why the Mars Hill Faithful Have Started to Question Mark", *Stranger*, 30 de julho de 2014, https://www.thestranger.com/seattle/why-the-mars-hill-faithful-have-started-to-question-mark/Content?oid=20257920.

186 Kate Shellnutt, "Acts 29 CEO Removed Amid 'Accusations of Abusive Leadership'", *Christianity Today*, 7 de fevereiro de 2020, https://www.christianitytoday.com/news/2020/february/acts-29-ceo-steve-timmis-removed-spiritual-abuse-tch.html.

187 Oakley e Humphreys, *Escaping the Maze*, p. 83.

Sobreviventes de abuso não sentem vergonha porque fizeram algo errado, mas porque a antiga igreja pensa que fizeram. Elas sentem que são "desajustados".[188]

A situação piora. Além do fato de as vítimas serem excluídas, também são forçadas a observar enquanto outras pessoas ficam na igreja e continuam a apoiar o(s) líder(es) abusivo(s). Aqueles que permanecem na igreja ouvem as pregações, apertam a mão dele após o culto e continuam a entregar o dízimo — atos que servem para legitimar o líder abusivo como se nada estivesse errado.

Essas pessoas que ficam para trás muitas vezes defendem a decisão sob a justificativa de que são neutras e não querem "escolher um lado". No entanto, ao permanecerem na igreja, não são neutras. Elas claramente escolheram um lado. Wade Mullen explica quão doloroso isso é para as vítimas:

> "Considere o que isso comunica às vítimas quando veem as pessoas reunidas ao redor daqueles que as feriram — vê-las dar dinheiro à instituição, usar seus serviços, aplaudir seus esforços e endossar sua legitimidade.[189]

Assim, ele conclui: "Às vezes, apoiar a vítima significa remover imediatamente o apoio daqueles que ainda têm de falar a verdade sobre o abuso e se recusar a deixá-los brilhar."[190]

Um aspecto trágico dessa exclusão social é que ele acontece quando as vítimas de abuso precisam de mais encorajamento e

---

[188] Kenneth J. Garrett, *In the House of Friends: Understanding and Healing from Spiritual Abuse in Christian Churches* (Eugene, OR: Wipf and Stock, 2020), p. 63.

[189] Wade Mullen, *Something's Not Right: Decoding the Hidden Tactics of Abuse and Freeing Yourself from Its Power* (Carol Stream, IL: Tyndale, 2020), p. 181.

[190] Mullen, *Something's Not Right*, p. 181.

apoio do corpo de Cristo. Em vez disso, passam por sofrimento após sofrimento: as vítimas de abuso já estão sofrendo pelo comportamento abusivo em si, e agora a comunidade que poderia ajudá-las a encontrar a cura desse abuso lhes é tirada também. Assim, muitas vezes se veem sofrendo em silêncio, sozinhas.

Além de perder a igreja, as vítimas de abuso muitas vezes relatam que perderam alguns de seus amigos mais próximos. Como está escrito em Provérbios 16:28: "O homem perverso provoca dissensão e o que espalha boatos afasta bons amigos." Lembre-se de que pastores abusivos são ótimos em virar o jogo, atacar o caráter das vítimas e fazê-las parecerem caluniosas e desordeiras. Dessa maneira, até amigos próximos das vítimas sentem que precisam escolher um lado, e alguns escolhem o lado do pastor. Uma vítima de abuso espiritual descreveu essa forte dor relacional:

> "Individualmente e como uma família, perdemos amizades que jamais imaginamos perder. Nossos filhos perderam todos os seus mentores adultos [...]. Nossa família foi descartada como um todo com base no que quer que o pastor tenha dito. [...] Uma coisa é enfrentar tudo isso como um indivíduo, ou um casal, mas ver a devastação afetar nossos filhos, bem como perder alguns dos nossos amigos mais íntimos, provavelmente foi a parte mais dolorosa.[191]

Outro testemunho é igualmente trágico:

> "Alguns dos nossos amigos mais íntimos não queriam ouvir nossa história, ficaram na igreja e acabaram se unindo contra nós. A igreja como um todo nos excluiu e perdemos muitas

---

[191] Diederich, *Broken Trust*, 111.

> pessoas em amizades/na comunidade, bem como nossa reputação que estávamos construindo por mais de vinte anos. A palavra do pastor sempre prevalecia.[192]

Eu poderia citar mais exemplos, mas esses testemunhos são suficientes para mostrar quão amplo e extenso o "campo de escombros relacionais" de um pastor pode ser. Um único pastor abusivo que se recusa a se arrepender pode destruir incontáveis relacionamentos, gerando uma enorme ruptura entre amigos, conselhos, igrejas e comunidades. Se apenas tivesse se arrependido, todos esses danos relacionais poderiam ter sido evitados. Não é de admirar que Deus seja ardentemente contra pastores abusivos, visto que estes devoraram o povo de Deus (Ezequiel 34:10).

CONSEQUÊNCIAS ESPIRITUAIS

Encerramos este capítulo com uma análise de talvez uma das consequências mais prejudiciais do abuso espiritual nas vítimas: ele pode devastar a vida espiritual e provocar questionamento de tudo em que acreditam. É por isso que o abuso espiritual é um tipo único de abuso. É cometido pelo líder nomeado por Deus (um pastor), para fins nomeados por Deus (plantação de igrejas, disseminação do evangelho), muitas vezes viabilizado pela instituição nomeada por Deus (a igreja e seus presbíteros) e usada contra o povo de Deus (membros da igreja). O dano espiritual pode ser gigantesco.

Dúvidas a respeito da igreja. Um dos pensamentos mais comuns às pessoas que sofreram abuso espiritual é: "Nunca mais vou à igreja." Aliás, muitos sobreviventes de abuso ficam longe

---

[192] Diederich, *Broken Trust*, p. 58.

da igreja por um longo período, e alguns jamais retornam. As razões para essa ausência não são difíceis de imaginar. As atividades na igreja muitas vezes desencadeiam crises de ansiedade ou dor emocional conforme as vítimas se lembram do que passaram na última igreja. Apenas ver um pastor pregar ou estar em uma congregação no domingo de manhã pode desenterrar lembranças dolorosas. Até ouvir uma passagem da Escritura pode ser difícil se o pastor abusivo a usava para oprimir e manipular. Em um caso que analisei, a vítima de abuso visitou uma igreja em um domingo em que estavam recebendo novos presbíteros e chamando a congregação a se submeter à autoridade deles. Depois do que ela havia passado nas mãos de antigos presbíteros, aquilo gerou um ataque de pânico.

Assim, o abusador espiritual toma aspectos da vida na igreja que são bons em essência — pregação, leitura da Bíblia, louvor — e os transforma em uma fonte de dor. Isso não significa que essas partes da vida eclesial devam ser abandonadas, porém muitas vezes a vítima precisa de bastante tempo para superar essas associações negativas.

O outro motivo pelo qual vítimas de abuso ficam longe da igreja se trata de uma questão de confiança.[193] Essas pessoas não se sentem seguras em nenhuma congregação e questionam se aquela igreja um dia também se voltará contra elas. Como consequência, aqueles que sofreram abuso espiritual costumam perceber que têm suspeitas, preocupações e até paranoias com relação à formação de novos relacionamentos. Isso dificulta que façam amigos na nova igreja; afinal, seus amigos íntimos se voltaram contra eles na antiga igreja. Portanto, sobreviventes de abuso muitas vezes se

193 Oakley e Humphreys, *Escaping the Maze*, p. 67-68.

veem isolados por anos, pois têm dificuldade de construir uma nova comunidade que considerem segura.

Dúvidas sobre o cristianismo. Essas dúvidas a respeito da igreja estão fortemente relacionadas a dúvidas a respeito do cristianismo em si. Vítimas de abuso espiritual muitas vezes relatam quão árduo é acreditar no que um dia acreditaram.[194] Ainda que saibam que a igreja abusiva não representa a fé cristã, pode ser difícil separar as duas coisas. Em razão disso, é natural tecer questionamentos teológicos complexos: Por que Deus permitiria que esse abuso acontecesse dentro de sua igreja? Se o cristianismo é verdadeiro, por que igrejas e pastores se comportam com tamanha crueldade? Se o Espírito está em ação na igreja, por que os presbíteros não viram quem o pastor abusivo era de fato? Se os líderes cristãos são corruptos, isso significa que o cristianismo não é diferente de nenhuma outra religião? Ou o cristianismo é pior ainda?

Às vezes, os questionamentos estão menos enraizados no cristianismo e mais na *versão* do cristianismo na qual o abuso aconteceu. A vítima pode se perguntar se o sistema de uma denominação particular tolera abuso ou se certos sistemas teológicos são mais propensos a permitir que pastores abusivos tomem a frente. Nesses casos, a vítima pode não estar inclinada a abandonar o cristianismo por completo, mas o nicho específico do cristianismo a que pertencia.

De qualquer forma, o abuso leva, em muitos casos, a grandes dúvidas espirituais ou a enfermidades espirituais. Um sobrevivente relatou: "Não tenho mais uma paixão para atuar no ministério. Não me empolgo mais com nada espiritual."[195] E algumas vítimas de abuso acabam abandonando a fé cristã por completo.

194 Oakley e Humphreys, *Escaping the Maze*, p. 77-78.
195 Diederich, *Broken Trust*, p. 89.

Dúvidas sobre Deus. Até para aqueles que não questionam a verdade da fé cristã, o abuso espiritual pode ter outro impacto adverso: pode distorcer a imagem das pessoas com relação a quem é Deus.[196] Em virtude do comportamento tóxico de um pastor abusivo, um cristão pode pensar que o próprio Deus é assim. As vítimas pensam que Deus nunca está satisfeito com elas e está sempre em busca de uma falha, pronto para castigá-las e humilhá-las se tropeçarem. Essa visão negativa (e antibíblica) de Deus pode ter efeitos espirituais nocivos.

Dúvidas sobre si mesmo. Para muitas vítimas de abuso espiritual, a experiência por que passaram também desafia sua forma de ver a si mesmos. Embora algumas pessoas tivessem uma identidade cristã confiante antes do abuso, tudo isso começa a ser questionado. Elas podem se perguntar: "Quem eu sou de verdade?" Uma vítima de abuso confessou: "Não sou a mesma pessoa e acho que nunca mais serei."[197] Parte dessa crise de identidade está relacionada à mudança do papel da vítima na igreja. Como as pessoas muitas vezes forjam a identidade cristã em torno do ministério em que atuam, essa identidade pode mudar rapidamente se esse ministério for arrancado. Alguns sobreviventes são forçados a repensar seu chamado e vocação, talvez pela primeira vez.

Outra parte dessa crise de identidade se deve às dúvidas da vítima com relação ao próprio caráter e julgamento. Se foi manipulada diversas vezes e ouviu que a culpa era dela, um lado de si ainda pode se questionar se isso é verdade. Muitas vítimas de abuso confessam que se perguntam se estão ficando loucas ou

---

196 David Johnson e Jeff VanVonderen, *The Subtle Power of Spiritual Abuse: Recognizing and Escaping Spiritual Manipulation and False Spiritual Authority within the Church* (Mineápolis: Bethany House, 1991), p. 42-43.

197 Oakley e Humphreys, *Escaping the Maze*, p. 75.

perdendo a cabeça. Além disso, também têm dúvidas a respeito do próprio julgamento. Se confiaram em alguém em quem não deveriam ter confiado, talvez questionem se podem confiar em si mesmas. É claro, essa é uma combinação paralisante — não confiar nos outros nem em si — que leva a vítima a um isolamento espiritual, relacional e emocional mais profundo.

A enorme dúvida com a qual as vítimas sofrem muitas vezes é revelada quando alguém de fora confirma a versão delas. Um membro da igreja de Steve Timmis relatou o alívio que sentiu quando o artigo do *Christianity Today* foi publicado:

> “Li o artigo e desmoronei no chão, aos prantos. Nada no artigo me surpreendeu. Meu principal pensamento era: “Ah, então eu não sou louca, afinal de contas!” Após vinte anos duvidando de mim mesma e questionando se alguma coisa tinha acontecido mesmo ou se era só eu, encontrei uma sensação de alívio.[198]

CONCLUSÃO

Qualquer pessoa que pense que o abuso espiritual é um problema secundário não considerou a devastação documentada. Minha oração é que você, em especial se for um pastor ou algum tipo de líder cristão, absorva os testemunhos deste capítulo. Uma vez que o fizer, diversas reações devem vir em seguida.

Primeiro, temos de nos alegrar “com os que se alegram e [chorar] com os que choram” (Romanos 12:15). Precisamos nos lembrar de que essas pessoas são as ovelhas de Cristo, nossos irmãos e irmãs em Cristo. Enquanto enfrentam profundo sofrimento, a

---

[198] *An Independent Learning Review: The Crowded House*, 26 de outubro de 2020, Thirtyone:eight, 12, https://thirtyoneeight.org/media/khzksimf/the--crowded-house-learning-review-full-report.pdf.

ponto de alguns questionarem a fé, somos chamados a mostrar-lhes compaixão e cuidado. Infelizmente, a compaixão é rara em casos de abuso espiritual, pelo menos nos que estudei. Em vez de serem compassivas, muitas igrejas perguntam primeiro se existe uma razão "válida" para o sofrimento dessas pessoas. Em outras palavras, o instinto inicial é *questionar* e *desafiar* as vítimas, não oferecer a elas empatia semelhante à de Cristo.

Ninguém está sugerindo que as experiências das pessoas sejam automaticamente validadas e não precisem ser questionadas. Pode haver um momento e um lugar para examinar melhor se elas veem a situação com clareza. Contudo, com certeza esse não deve ser o instinto *inicial* quando estamos diante de um crente em sofrimento. Quando uma criança começa a chorar e vai até a mãe porque ralou o joelho, a primeira reação da mãe não é interrogar se o filho estava correndo muito rápido no parque. Afinal, o sofrimento em si é real, não importa a causa, e merece sensibilidade e cuidado.

Segundo, o tipo de dano espiritual discutido deve causar profunda e crítica autorreflexão em todos que foram chamados ao ministério pastoral. O fato de as palavras e ações de um pastor serem capazes de provocar tamanho dano deve fazer todos pausarem por um momento. Jesus fez sérios alertas a qualquer um que levasse outras pessoas a se desviarem espiritualmente: "Seria melhor que ele fosse lançado no mar com uma pedra de moinho amarrada no pescoço [...]" (Lucas 17:2). E, com certeza, esse mesmo alerta também deve se aplicar a outros líderes e conselhos da igreja que defendem e encorajam líderes abusivos.

Terceiro, e talvez o mais importante, o conteúdo deste capítulo visa nos motivar a prevenir o abuso espiritual sempre que possível. Medidas devem ser tomadas para proteger a igreja de líderes abusivos. Portanto, nos voltaremos agora para o último capítulo, em que analisaremos alguns desses passos.

SETE

NÃO SE FARÁ MAL NEM DANO ALGUM

Criando uma cultura que resiste ao abuso espiritual

O escândalo é cometido no santo nome de Cristo e de São Pedro. Quem pode continuar tolerando ou em silêncio?

— MARTINHO LUTERO

Em 1510, Martinho Lutero — naquele tempo um monge agostiniano devoto — recebeu uma oportunidade impressionante e privilegiada. Ele teve a chance de visitar a "Cidade Eterna", a gloriosa capital não somente do império, mas também da igreja: Roma. Como centro espiritual do mundo, Roma era o lugar onde se aproximar de Deus. Lá estavam armazenadas as relíquias santas; lá estavam os restos mortais de muitos santos, como Pedro e Paulo; e lá estavam os maiores líderes da igreja, inclusive Sua Santidade, o papa Júlio II.

Contudo, quando Lutero visitou a cidade, suas altas expectativas desmoronaram. Em vez de uma cidade gloriosa, ele encontrou uma cidade suja, não apenas do ponto de vista físico, como também do espiritual. O problema era a liderança da igreja. Muitos dos padres eram abertamente corruptos, expressando sua total descrença na validez da missa e conhecidos por participar da imoralidade sexual com prostitutas. Por isso, Lutero chamava Roma de um "covil de iniquidade".[199]

A experiência de Lutero em Roma teve um papel importante em sua paixão por ver a igreja reformada. Não eram somente os problemas doutrinários da igreja que preocupavam Lutero, mas os problemas *morais* também, sobretudo dentro do clero. O maior desafio da igreja não era que havia um mundo secular a atacando de fora, e sim uma corrupção moral crescendo dentro dela. Felizmente, Lutero teve a coragem de se levantar e apontar os problemas da liderança rebelde da igreja. Ainda que tenha sido acusado de causar divisão e desordem, ele fez o que os profetas fizeram no decorrer dos séculos: chamou o povo de Deus ao arrependimento.

Embora o estado da liderança da igreja tenha melhorado muito desde o tempo de Lutero, existe uma necessidade em cada geração de reconhecer quais áreas ainda precisam de crescimento e de chamar a igreja à mudança. Defendi no decorrer deste volume que uma dessas áreas (apesar de não ser a única) é a prevalência de pastores opressores. Em muitos lugares, nos esquecemos do paradigma bíblico de liderança humilde e servil e, em vez disso, atraímos narcisistas que abusam dos rebanhos que deveriam proteger.

---

[199] John Dillenberger, ed., *Martin Luther: Selections from His Writings* (Nova York: Doubleday, 1962), p. 429.

O propósito deste capítulo é apresentar certos passos estruturais pequenos (no escopo de tudo, minúsculos) que podem ajudar a igreja a fazer algumas mudanças necessárias. O objetivo não é desdobrar todos os aspectos relevantes de eclesiologia, política ou disciplina eclesiástica. Essas categorias foram muito bem abordadas em outros lugares, e não há espaço para explorá-las aqui. Ofereço, portanto, algumas mudanças estruturais modestas para suplementar e complementar essas categorias, além de, talvez, preencher algumas lacunas.

Problemas estruturais são apenas uma parte da cultura de uma igreja. Há muito mais a ser dito. Entretanto, espero que este seja um ponto de partida.

PREVENÇÃO: IMPEDIR QUE LÍDERES ABUSIVOS CONSIGAM UMA POSIÇÃO DE PODER

A melhor forma de impedir pastores abusivos é, em primeiro lugar, não permitir que eles alcancem posições de poder. Benjamin Franklin estava certo: "Um grama de prevenção equivale a um quilo de cura."[200] Assim, a igreja precisa repensar a forma de atrair e recrutar candidatos ao pastoreio para que líderes com potencial de se tornarem abusivos sejam descartados desde o início. Esse processo começa com uma reformulação radical do perfil de trabalho para a posição de pastor sênior ou cargo de liderança equivalente. Talvez tenhamos atraído os candidatos errados porque

---

[200] "On the Protection of Towns from Fire", *Pennsylvania Gazette*, 4 de fevereiro de 1734/35, *in:* Leonard W. Labaree, ed., *The Papers of Benjamin Franklin, Volume 2: January 1, 1735, through December 31, 1744* (New Haven: Yale University Press, 1961), p. 12-15.

estejamos *à procura* deles. Aqui estão alguns aspectos a considerar para os comitês de busca pastoral:

Caráter antes de competência. Quando as igrejas elaboram um perfil de candidato, precisam começar ao definir uma visão de como pensam que um pastor sênior deve ser. Ao analisar os textos-chave sobre liderança cristã (como fizemos no capítulo 3), elas podem mostrar seu compromisso de encontrar um líder que não seja violento, mas gentil (1Timóteo 3:3; cf. Tito 1:7); não ganancioso, mas com desejo de servir (1Pedro 5:2); não dominador, mas um exemplo (1Pedro 3:2); não briguento, mas amável (2Timóteo 2:24).

Com certeza, isso não quer dizer que o comitê se importa *apenas* com o caráter. A competência em diversas áreas também importa. Contudo, a igreja precisa deixar claro que os talentos não são a única, ou principal, característica que buscam.

Esse perfil de candidato esclarecerá o processo de busca, porque líderes com tendência ao abuso amam falar a respeito de suas competências — em que são bons e o que já realizaram. Afinal, esses líderes já costumam estar convencidos da própria grandeza e não perderiam uma oportunidade de exibi-las em detalhes ao comitê. Talvez eles também queiram falar sobre sua conduta doutrinária, filosofia ministerial ou método de pregação. Eles não têm, porém, o mesmo entusiasmo para falar sobre seu caráter, principalmente se for esperado que incorporem gentileza, humildade e um coração de servo.

Aqui está o ponto: Se criarmos um perfil pastoral guiado por princípios bíblicos em vez dos mundanos, certamente isso afastará pastores com potencial abusivo. A questão principal não se trata de a igreja estar interessada no candidato, mas *se o candidato está interessado nesse tipo de igreja.* O segundo fator é tão importante quanto o primeiro no que diz respeito a separar as maçãs podres. Se pastores com potencial abusivo não gostarem do que veem e se removerem por vontade própria do processo, será melhor.

É claro, a pergunta que permanece é: Como um comitê de busca pode ter uma percepção adequada do caráter de um candidato? Aqui temos de reconhecer os limites (óbvios) do nosso sistema atual, em que solicitamos aos candidatos apenas que apresentem algumas referências. Embora estas tenham valor, todos sabem que consistem em amigos escolhidos a dedo pelo candidato e, portanto, é improvável que realizem uma avaliação crítica do caráter do candidato. Exceto em casos raros, as referências inevitavelmente oferecem uma avaliação brilhante do indivíduo sob análise.

Para compreender as camadas do caráter de um candidato, sugiro alguns passos adicionais:

- Peça permissão para entrar em contato com aqueles que trabalharam sob a liderança do candidato nos últimos lugares em que este atuou. Isso incluiria pastores assistentes, auxiliares administrativos, coordenadores ministeriais, entre outros. Esses indivíduos, se autorizados a confidenciar, dariam informações mais exatas a respeito do caráter do candidato.
- Certifique-se de contatar *mulheres* da antiga igreja do candidato, seja uma líder voluntária, seja uma funcionária. Em minha experiência, os comitês quase nunca conversam com mulheres, apenas com homens — e somente homens selecionados pelo candidato. Esse é um método ineficaz. As mulheres costumam ter uma

perspectiva drasticamente diferente da dos homens com relação à igreja.

- Peça permissão para conversar com os presbíteros da antiga igreja do candidato, não apenas com os que o candidato escolher. A avaliação que eles têm do pastor após sua saída (em confidencialidade, é claro) será esclarecedora.
- Peça ao candidato que discorra sobre qualquer conflito que possa ter vivenciado no ministério ao longo dos anos e como foi resolvido. Faça uma sondagem profunda a respeito de possíveis desentendimentos não solucionados nos quais ele permanece afastado de outros que atuam no ministério. Se o candidato fala de si mesmo como o herói em toda história de conflito e todo o resto é culpado porque não se submeteu à sua autoridade, isso é um sinal de alerta. Como vimos no capítulo 4, um "campo de escombros" costuma ser uma marca de um líder abusivo.

Um candidato pode se recusar a permitir que esses passos sejam seguidos. Mas essa ação em si pode ser um sinal de alerta e talvez um motivo para passar para um candidato diferente. Alguns podem questionar se esse exame tão rigoroso do caráter de um indivíduo é injusto. Afinal, qualquer um que sirva no ministério por determinado período teria pessoas que não gostem dele, certo? E um processo como esse não encontraria uma quantidade substancial de fatores negativos? Talvez. Contudo, isso não torna o processo injusto. Na realidade, dá ao comitê uma percepção mais objetiva e realista de que o candidato escolhido terá fraquezas que precisam ser tratadas com cuidado.

Esse resultado apresentará uma melhoria relevante com relação ao sistema atual, no qual o comitê finge que encontrou um candidato quase perfeito (embora, no fundo, todos saibam que isso não pode ser verdade) e o apresenta à igreja dessa forma. Esse cenário — colocar, com ingenuidade, o novo pastor em um pedestal — não somente cria um ambiente propício para o abuso porque ninguém sente que precisa responsabilizar um candidato "perfeito", como também leva à inevitável desilusão quando começarem a se dar conta de que ele não é perfeito.

Colaboração antes de hierarquia. O perfil pastoral deve abranger outra característica desejável: um pastor que enfatiza a consolidação de equipes e a cooperação, em detrimento de um que executa seu ministério em um modelo hierárquico e verticalizado. Em outras palavras, o comitê tem de deixar claro que quer um pastor que lidera pelo consenso e pelo exemplo, não por ordens ou coerção (1Pedro 5:3). Tenha em mente que muitos líderes abusivos assumem posições em decorrência do poder e controle que detêm. Eles querem saber desde o início que estarão no controle, que darão as ordens, como um treinador de futebol que toma decisões importantes e contrata e demite quem quer. Claro, talvez eles falem da boca para fora sobre uma pluralidade na comissão e submissão mútua aos irmãos, mas, no fim das contas, só querem estar no controle. Uma vez que perceberem que o ofício não lhes dá esse poder, procurarão em outro lugar.

Responsabilização antes de sigilo. Por fim, o perfil pastoral deve indicar que haverá um plano fundamental de responsabilização para o pastor. Abordarei outras sugestões para questões estruturais e processuais específicas, mas a igreja tem de deixar claro que terá um sistema de transparência em que as pessoas possam compartilhar suas preocupações com relação ao pastor sem serem silenciadas, excluídas ou isoladas como resultado. A igreja precisa expor que quer evitar uma cultura de medo na qual os membros tenham medo de falar e que valoriza, em vez disso, uma cultura na qual a voz de todos seja ouvida, respeitada e considerada — até, e talvez em especial, se surgirem críticas à liderança da igreja.

As igrejas precisam tomar cuidado para que um sistema de responsabilização não seja usado de maneira indevida, de modo que *encoraje* críticas ao pastor. O objetivo não é instigar reclamações e queixas. Afinal, nunca há escassez destas. Pelo contrário, o objetivo é promover um espaço seguro para que as preocupações sejam expressas a fim de que não aconteça nenhuma retaliação indevida e ataques àqueles que falam do que os preocupa.

RESPONSABILIZAÇÃO: SUPERVISIONAR LÍDERES DA IGREJA EM POSIÇÃO DE PODER

Uma vez que um pastor é admitido, tem de haver um processo pelo qual recebe a supervisão e o pastoreio devidos. Diversos casos de abuso espiritual mostram que foi a falta de responsabilização adequada que permitiu que o pastor obtivesse um poder desproporcional e começasse a abusar desse poder com pouca ou nenhuma consequência. Dada a limitação de espaço, podemos somente dar início à conversa a esse respeito. Como as regras são amplamente variadas em diferentes denominações, as sugestões a seguir podem não ser apropriadas a todas as denominações. O leitor terá de determinar quais mudanças estruturais se adequam a seu contexto particular.

Limitar o poder. Começamos com a consideração mais óbvia, isto é, tomar medidas para garantir que uma cultura de "pastor-celebridade" não se desenvolva em torno do líder. Para impedir que um culto à personalidade seja criado, diversos passos podem ser dados para limitar o poder de um pastor sênior.

- Como a maioria dos pastores seniores também é presidente ou moderador do conselho administrativo, eles têm a capacidade de definir pautas, controlar o fluxo de informações e ditar a direção geral do conselho.[201] Contudo, não existe um requisito bíblico para justificar essa estrutura. Na verdade, pode ser sábio ter outro presbítero nessa função para que o pastor não possa controlar as sessões e para que haja uma expressão tangível da submissão do pastor a outros líderes.
- Grande parte do posicionamento e influência de um pastor se dá porque ele é o maior responsável pelo ensino e pregação em uma igreja. Alternar a escala de pregações de maneira mais regular e permitir que outras pessoas tenham tempo de visibilidade no púlpito pode impedir que a igreja foque em excesso um único indivíduo (embora eu reconheça que em igrejas menores isso pode ser difícil).
- Dar ao pastor sênior a autoridade exclusiva para contratar e demitir funcionários leva a um nível perigoso de poder e, como vimos, cria o medo entre os membros da equipe de que ele possa usar esse poder em represália. Como uma alternativa, todas as recomendações de

[201] Entendo que, para muitas denominações presbiterianas, o pastor é o moderador *ex officio* da sessão. Contudo, isso não significa que ele tem de definir a pauta; isso pode ser delegado a outras pessoas.

contratos e demissões deve passar primeiro por um comitê independente, composto de presbíteros e não presbíteros, homens e mulheres. Para o propósito da nossa discussão, chamaremos de comitê de prestação de contas (que também poderia ter outras funções, como discutiremos). O comitê pode avaliar a situação de cada funcionário e então fazer recomendações ao conselho, que tomaria a decisão final.

Feedback verdadeiro. A fim de que os conselhos administrativos consigam um retrato exato do desempenho e do caráter de seu pastor, precisam ter um processo anual de avaliação no qual o *feedback* é dado e transmitido ao órgão de liderança sem que haja possível retaliação àqueles que comunicam o *feedback*. Aqui estão alguns meios pelos quais isso pode ser feito:

- O processo anual de avaliação precisa incluir não somente os companheiros presbíteros do pastor (que costumam ser seus amigos mais íntimos), mas também aqueles que estão em cargos inferiores, como outros membros da igreja, homens e mulheres. Embora a liderança da igreja saiba quem escreveu essas avaliações, devem considerar com cuidado se a identidade dos autores da avaliação será revelada ao pastor sênior. Ele com certeza deve ver as avaliações, mas pode ser sábio manter pelo menos algumas delas anônimas para que as pessoas possam ser francas e se abrir sem medo de enfrentar retaliação.
- Essas avaliações anuais devem *ser compartilhadas abertamente com todo o conselho administrativo a cada ano.*

Um dos problemas recorrentes na maioria dos casos de abuso é que o órgão superior de liderança não estava ciente dos problemas que aconteciam com o pastor sênior. Quando os problemas foram divulgados, os líderes ficaram surpresos (e, portanto, era mais provável que acreditassem que as vítimas estavam mentindo). A disseminação aberta dessas avaliações deve ajudar a evitar esse problema.

- Além disso, deve-se exigir que pastores seniores façam uma avaliação cuidadosa e detalhada de cada membro da equipe sob sua liderança. Essa prática visa, sobretudo, proteger a equipe de futuras acusações vingativas de um pastor abusivo. Em um caso de abuso espiritual, o pastor sênior não escreveu avaliações da equipe por anos e, assim, podia contar as histórias que quisesse a respeito do comportamento anterior dos funcionários e obreiros. Se houvesse um registro de avaliações escritas, os membros da equipe teriam uma forma de se defender.

Liderança independente. Como vimos, um líder abusivo muitas vezes prospera em situações nas quais as pessoas a quem presta contas são seus amigos próximos ou os puxa-sacos que são incapazes de se opor a ele. Se alguém o enfrenta, essa pessoa provavelmente será isolada ou expulsa. Para abordar essa preocupação, as igrejas têm de garantir que alguns líderes ao redor do pastor sênior sejam independentes dele. Estas são algumas sugestões:

- No âmbito político, *limites de mandato* são muitas vezes sugeridos como uma maneira de eliminar políticos de carreira que são leais aos grupos de influência e substituí-los por vozes novas e independentes. Por motivos semelhantes, algumas igrejas adotaram um sistema em que membros do conselho cumprem mandatos determinados e então deixam o cargo por um período.[202] Essa pode ser uma forma saudável de garantir que o conselho continue a ter novas vozes. Novamente, isso pode não ser possível em igrejas menores, com um número limitado de pessoas que podem atuar como presbíteros.

- Deve-se prestar atenção especial ao processo pelo qual presbíteros são inseridos no conselho, para que não sejam apenas preferências escolhidas a dedo pelo pastor. A congregação, não o pastor, deve selecionar os presbíteros. Nesse ponto, as igrejas precisam ser cuidadosas com relação à permissão de familiares do pastor sênior como membros do conselho.
- Em nossa discussão no capítulo 4, vimos que Malcolm Gladwell observou que a maioria das organizações precisa de um "contador de verdades" que tenha a perspectiva de fora, não esteja sujeito à hierarquia social padrão e esteja disposto a questionar o que a maioria ignora. É evidente que pode ser difícil saber como fazer que esses indivíduos se tornem parte de um conselho ou órgão de liderança, mas acredito que as igrejas podem começar ao reconhecer que muitas vezes escolhem presbíteros que já estão ajustados às estruturas e paradigmas tradicionais. Para dizer de maneira nua e crua, algumas igrejas

202 Em vez de os membros saírem do conselho, uma alternativa seria reformular o funcionamento dos diversos comitês.

tratam o conselho administrativo como se fosse o grupo popular ao qual apenas certas pessoas são convidadas. Todavia, se os conselhos buscassem líderes que não se enquadram nesses paradigmas existentes, talvez encontrassem mais contadores de verdades do que esperavam. Isso pode incluir aqueles que vêm de classes sociais diferentes, com vocações distintas, históricos educacionais variados ou grupos étnicos e raciais diversos.

- Um modo de adicionar vozes independentes à estrutura da liderança é convidar mulheres a fazerem parte dela. Como vimos, as mulheres costumam ter perspectivas muito diferentes da igreja, e a voz delas nem sempre é ouvida. Para igrejas complementaristas que têm conselhos exclusivamente masculinos, ainda existem outras maneiras de fazer isso. Nos últimos tempos, a Igreja Presbiteriana nos Estados Unidos recomendou a inclusão de mulheres em comitês oficiais, e algumas igrejas têm mulheres como conselheiras não votantes em comissões formais.[203] De qualquer maneira em que essa inclusão for feita, a voz das mulheres pode prevenir que a liderança se torne muito isolada e inflexível.

Uma forma pela qual algumas igrejas esmagam esse espírito de vozes independentes no conselho é pela insistência na política de que *toda decisão do conselho tem de ser unânime*. Essa política dita que o conselho não pode tomar certa ação, a não ser que haja 100% de concordância. A princípio, pode parecer uma política saudável que promove unidade e harmonia. Infelizmente,

---

[203] Veja o relatório em https://www.pcahistory.org/pca/studies/2017_WIM.pdf.

o resultado é o oposto. Essa política protege líderes abusivos da responsabilização e suprime opiniões dissidentes.[204]

Quando essa política entra em vigor, membros do conselho se sentem menos inclinados a falar o que pensam e não querem ser responsáveis pelo voto "não" solitário porque sabem que este impedirá toda a decisão. Como consequência, vozes contrárias no conselho — vozes que normalmente contribuiriam com discordâncias saudáveis — são pressionadas a concordar com o restante dos membros para manter um voto unânime. Isso provoca uma ilusão de unidade que não existe de fato. E essa ilusão se expande quando as decisões do conselho são representadas à congregação como "unânimes", uma representação que, no mínimo, é enganosa.

Além disso, pastores abusivos usam a exigência da unanimidade para manter seu poder. Quando um líder abusivo quer impedir algo, tudo de que ele precisa é um único voto negativo de um de seus seguidores leais. Pior ainda, se o abuso vier à tona, o conselho será incapaz de removê-lo, porque isso requer uma votação unânime, algo altamente improvável até nos melhores cenários, em especial se um pastor tiver seguidores fiéis no conselho. Na teoria, ainda que o conselho vote contra o pastor, ele ainda pode votar "não", o que também impede a unanimidade dos votos!

Transparência genuína. O abuso espiritual cresce e prospera em igrejas cuja cultura enfatiza silêncio, sigilo e autoproteção. Em contraste, igrejas que operam com uma política de honestidade e transparência constroem uma cultura que resiste ao abuso. Estas são algumas maneiras de a igreja ser mais transparente:

---

204 Jamie Dunlop, "Should Elders Insist on Unanimity?", 9Marks, 28 de outubro de 2018, https://www.9marks.org/article/should-elders-insist-on-unanimity/.

- Um fato que pode surpreendê-lo é que, em muitas denominações, a reunião de presbíteros é pública e aberta a qualquer membro da igreja. Eles são livres para chegar e observar. Algumas igrejas permitem até que outros façam perguntas. Em certas circunstâncias que exigem confidencialidade, uma reunião do conselho pode precisar de uma "sessão executiva". Na maioria dos casos, porém, questões da igreja são questões abertas. Seria sábio que as igrejas propagassem essa abertura das reuniões e até encorajassem os membros a frequentá-las. Realizar a reunião do conselho em um espaço maior, como no templo ou capela, é uma forma de incentivar mais pessoas a comparecerem. As igrejas podem se surpreender com o modo diferente como seus presbíteros atuam (de forma positiva) quando outras pessoas estão no ambiente observando-os.
- De maneira similar, as atas das reuniões do conselho devem ser disponibilizadas para todos os membros da igreja. Talvez seja possível publicá-las no *site* da igreja. Enfatizo que isso excluiria as porções confidenciais da reunião; antes, o método proporciona certa transparência com respeito ao que é discutido nessas reuniões e a como as decisões são tomadas.
- Um passo importante em direção à transparência se dá quando as igrejas desenvolvem uma cultura na qual as pessoas tenham liberdade para apresentar questionamentos e preocupações com relação à liderança da igreja sem serem censuradas ou silenciadas. Igrejas espiritualmente abusivas são conhecidas por implementar regras

de sigilo (implícitas ou explícitas), que proíbem funcionários, voluntários e membros de discutir os problemas da igreja com outras pessoas, sob o pretexto de evitar fofoca ou impedir a formação de partidos.[205] No entanto, essa censura costuma ser imposta para proteger o poder da liderança vigente. Segundo Johnson e VanVonderen, "O silêncio se torna a fortaleza de proteção guardando a posição de poder do pastor do escrutínio e da oposição".[206] Aqui está uma sugestão prática: a igreja poderia realizar um fórum público anual com oportunidades para trocas abertas sobre o estado da igreja, com uma conduta receptiva, não defensiva.

PROTEÇÃO: CUIDAR DAQUELES QUE TÊM CORAGEM PARA EXPOR O ABUSO

Mesmo com um bom plano de prevenção e estrutura de responsabilização, ainda haverá instâncias de abuso espiritual na igreja. Quando isso acontece, é primordial que as igrejas tenham um plano claro de como lidar com essas preocupações quando são expostas. Outra vez, reconheço que cada denominação tem seu próprio processo judicial. O propósito aqui não é criar um novo processo ou substituir as estruturas preexistentes. Contudo, ofereço as seguintes sugestões com a esperança de que estas complementarão esse processo e o tornarão mais eficaz na proteção das pessoas que sofreram abuso.

---

205 Lisa Oakley e Kathryn Kinmond, *Breaking the Silence on Spiritual Abuse* (Nova York: Palgrave Macmillan, 2013), p. 28-30.

206 David Johnson e Jeff VanVonderen, *The Subtle Power of Spiritual Abuse: Recognizing and Escaping Spiritual Manipulation and False Spiritual Authority within the Church* (Mineápolis: Bethany House, 1991), p. 67.

Treinamento sobre abuso. As igrejas investem muito tempo no treinamento de seus líderes — presbíteros, diáconos e membros de departamentos — sobre questões teológicas e práticas. E, em anos recentes, muitas igrejas têm enfatizado o treinamento das equipes com relação a abuso sexual infantil e como identificá-lo. De igual modo, acredito que as equipes da igreja tenham de passar por treinamentos formais sobre abuso espiritual. No mínimo, os presbíteros precisam desse tipo de treinamento, mas outros líderes importantes da igreja também. Pastores podem até fazer uma série de pregações sobre a visão de Deus de como a autoridade e a liderança devem ser em uma igreja e como elas podem ser mal interpretadas. Discutir abertamente essa questão pode transformar a cultura de uma igreja porque lembra as pessoas de como a liderança cristã deve ser.

Um comitê de prestação de contas. Como vimos, as igrejas devem considerar ter um comitê de prestação de contas composto de presbíteros e não presbíteros, homens e mulheres. O propósito é que o comitê sirva como um espaço dedicado à discussão de questões relacionadas ao desempenho do pastor sênior no ofício, bem como analisar toda e qualquer queixa a respeito do comportamento do pastor (o comitê também tem de lidar com outros líderes de cargos altos, visto que o abuso não acontece somente da parte do pastor sênior). Esse comitê seria o carro-chefe no que diz respeito a lidar com as acusações de abuso espiritual.

Parte do propósito do comitê de prestação de contas é proteger aqueles que relatam suas queixas. Pastores opressivos são capazes de reter controle em grande parte em razão da possibilidade de retaliar contra aqueles que os criticam. O comitê deve ter poder para manter as vítimas seguras do pastor abusivo. Assim, as igrejas precisam ter cuidado para que os membros desse comitê sejam escolhidos de maneira independente, não com base nas preferências do pastor.

Deve-se exigir que o comitê apresente um relatório integral de seus procedimentos tanto com o pastor quanto com o conselho administrativo de tempos em tempos, a fim de que não esconda problemas do órgão superior de liderança.

Uma conduta de abertura. À medida que nossa cultura moderna se conscientiza mais da questão do abuso, ouvimos um mantra comum: "Acredite nas vítimas." Se isso implica que as alegações das vítimas devem ser imediatamente aceitas como comprovadas, esse lema precisa ser rejeitado. As pessoas têm de ser consideradas inocentes até que se prove o contrário. Contudo, a maioria não usa o mantra com essa intenção. Na verdade, ele costuma ser usado para comunicar que as organizações, inclusive igrejas, devem ter uma postura com relação ao acusador marcada pela empatia e pela abertura, não pela suspeita e pela dúvida. É uma forma simples de dizer que as igrejas não devem presumir que o acusador está mentindo, mas levar as alegações a sério. Ou, de maneira clara, o acusador não deve ser acusado. Aqueles que expõem suas queixas merecem os mesmos direitos que todos: *eles* devem ser considerados inocentes até que se prove o contrário.

Não parece que todas as igrejas tratariam acusações de abuso com empatia e abertura? Infelizmente, nem sempre é o caso. Vez após vez, as pessoas que expressam suas preocupações com relação ao comportamento de um líder abusivo são vistas com suspeita e muitas vezes descobrem que estão sob julgamento. Em vez de receberem compaixão, recebem dúvidas e ceticismo (sob a justificativa de passagens como Provérbios 18:17).

Imagine um cenário no qual uma mulher alega que o pastor sênior é duro e opressivo. Após fazer essas alegações, logo ela se vê sozinha com um grupo de homens, todos amigos íntimos desse pastor. De repente, eles começam a metralhar a mulher com perguntas, como se a estivessem interrogando. Não é difícil imaginar que possa sentir como se *ela* estivesse sob julgamento. E o cenário apenas piora quando esse pastor fala com aquele grupo de homens por fora e cria uma narrativa sobre a mulher, alegando que ela é difícil de lidar ou insubordinada.

É por motivos como esse que as igrejas têm de nutrir uma cultura de abertura para com aqueles que levam adiante acusações de abuso. Ressalto que ninguém está sugerindo que acabemos com a presunção da inocência. Na verdade, precisamos acabar com a presunção inicial, que é prejudicial ao extremo (sem contar que é antibíblica), de que o acusador esteja mentindo. E essa mudança cultural começa com o comitê de prestação de contas. No mínimo, esse comitê deve ser composto daqueles que incorporam um espírito de cuidado, compaixão e empatia.

Investigação externa. Estudos recentes sobre abuso espiritual destacaram diversos problemas com o sistema atual, mas um dos mais expressivos é a forma com que as alegações são "investigadas". Essas investigações costumam ser internas, muitas vezes conduzidas por amigos ou colegas do pastor abusivo e por pessoas que não têm treinamento para a identificação do abuso. É claro, muitas dessas investigações internas acabam justificando o pastor abusivo. Foi o que aconteceu nos casos de Bill Hybels, Steve Timmis e James MacDonald. A "investigação" inicial em cada um desses casos supostamente exonerou esses líderes. Apenas mais tarde, após um exame mais minucioso, o abuso foi reconhecido.

Esses casos nos lembram de que juntas administrativas, concílios eclesiásticos e presbitérios podem cometer erros. Nem toda decisão que tomam é correta ou está de acordo com a vontade de Deus. E, a menos que estejamos preparados para defender a infalibilidade da igreja, temos de reconhecer essa possibilidade. Segundo a Confissão de Fé de Westminster, "Todos os sínodos e concílios, desde os tempos dos apóstolos, quer gerais, quer particulares, podem errar, e muitos têm errado [...]".[207]

Por exemplo, considere o caso de um pastor de Indiana da Igreja Presbiteriana.[208] Embora fosse um caso de abuso sexual, não espiritual, os mesmos problemas foram evidentes. Após cinco pessoas apresentarem queixas em 2019 sobre o comportamento sexual inapropriado do pastor, a investigação inicial do presbitério concluiu que não havia "nenhuma suspeita de culpa". As vítimas, porém, apontaram que o presbitério tratou o caso "de maneira indevida" e "protegeu" o pastor abusivo.[209] Uma das vítimas se queixou: "Eles [os presbíteros] às vezes eram muito desdenhosos para conosco, demonstravam que não sabiam nada sobre trauma e estavam claramente favorecendo seus colegas no decorrer de tudo."[210] Uma mulher que fazia parte do comitê de investigação, embora não tivesse direito a voto, também notou a parcialidade.

---

207 Westminster Confession of Faith, 31.3, http://files1.wts.edu/uploads/pdf/about/WCF_30.pdf.

208 Julie Roys, "Indiana Presbytery Will Put Pastor Accused of Sexual Abuse on Trial", *Roys Report*, 17 de maio de 2021, https://julieroys.com/indiana-presbytery-sexual-abuse-trial/.

209 Jackson Elliott, "Former Members of Indiana Church Accuse Pastor of Sexual Abuse and Presbytery of Covering It Up", *Roys Report*, 12 de maio de 2021, https://julieroys.com/pastor-accused-of-sexual-abuse-cover-up/.

210 Elliott, "Former Members of Indiana Church Accuse Pastor of Sexual Abuse".

Ela argumentou que a comissão interrogava as vítimas de maneira mais enérgica do que o pastor e até brincou sobre como as pessoas têm facilidade para pensar que algo é "assédio sexual".[211] Felizmente, uma corte eclesiástica superior refez a análise do caso e decidiu que havia evidências suficientes para levar o pastor ao tribunal, afinal de contas.[212]

Quando uma igreja enfrenta alegações possíveis de abuso espiritual, a conduta padrão deveria ser contratar uma organização externa independente que compreenda como conduzir investigações adequadas de casos de abuso (embora eu entenda que limitações financeiras podem impedir que algumas igrejas o façam). Utilizar ajuda externa não nega ou substitui o papel de um conselho administrativo ou presbitério; na verdade, apenas reconhece que algumas igrejas precisam de uma perícia que talvez não possam oferecer. O processo judicial de uma igreja e o uso de uma organização externa não anulam um ao outro. Além disso, apenas porque uma igreja ou organização *afirma* que a investigação é independente não significa que seja de fato. Se a igreja permanece no controle do processo e de quais descobertas são divulgadas, não é de fato independente.[213]

Aconselhamento processual-legal para as vítimas. Para aqueles que estudaram o lado judicial de casos de abuso espiritual, é evidente que os ofensores na maioria das vezes entendem as regras legais-judiciais-processuais da denominação melhor do que

---

211 Elliott, "Former Members of Indiana Church Accuse Pastor of Sexual Abuse".

212 Roys, "Indiana Presbytery Will Put Pastor Accused of Sexual Abuse on Trial".

213 Boz Tchividjian, "Are Abuse Survivors Best Served When Institutions Investigate Themselves?", *Religion News Service*, 16 de outubro de 2015, https://religionnews.com/2015/10/16/are-abuse-survivors-best-served-when-institutions-investigate-themselves/.

as vítimas. Sem dúvida, isso se dá em grande parte pelo fato de os ofensores serem, na maioria das vezes, pastores com entendimento básico de como cortes eclesiásticas funcionam, enquanto a vítima comum não atua no ministério pastoral, não compreende cortes eclesiásticas, não sabe como registrar uma queixa ou o que o julgamento implica. Em muitos dos casos que analisei, as vítimas estavam no escuro com relação ao procedimento, enquanto o pastor abusivo rápida e eficientemente orquestrava obstáculos em cada etapa (muitas vezes, com o auxílio de presbíteros dispostos a lutar pela causa do pastor). Assim, o pastor abusivo consegue todo o apoio, e a vítima não recebe nenhum.

Para solucionar esse problema, sugiro que as igrejas tornem conselhos processuais-legais disponíveis a qualquer um que se apresente ao comitê de prestação de contas com uma queixa ou preocupação. Por "conselho legal", não me refiro a um advogado que atue na corte (embora talvez seja necessário em alguns casos), mas a um especialista nos processos judiciais daquela igreja ou denominação que não tenha, de forma alguma, obrigações relacionadas à igreja ou à sua liderança. O último requisito é muito importante. O conselho legal tem de ser um indivíduo externo que atuará com legitimidade e integralidade para com a vítima.

Comunicação sensível à vítima. Dos testemunhos que li sobre situações de abuso por todo o país, uma realidade se tornou rapidamente evidente: igrejas muitas vezes não se comunicam com as vítimas sobre o processo investigativo, mas se comunicam com o líder abusivo. Porque o pastor sênior já está "por dentro de tudo" com seus colegas presbíteros, ele recebe informações sobre o desenvolvimento e até informações sigilosas. Enquanto isso, nada é dito às vítimas, sob a justificativa de "confidencialidade".

Em razão disso, igrejas e grupos externos de investigação têm de desenvolver um método de comunicação sensível à vítima, de modo que ela seja envolvida desde o começo e receba informações completas sobre o progresso da investigação. Além do mais, devem permitir que a vítima expresse seu ponto de vista sobre o conteúdo de qualquer declaração ou relatório público.

Aconselhamento e cuidado espiritual. Como vimos no capítulo 6, as consequências do abuso espiritual nas vítimas podem ser devastadoras. E o dano não é causado somente pelo comportamento inicial do líder abusivo, mas também pelo longo e excruciante processo que se desenvolve após as vítimas relatarem o ocorrido. Por meses, e até anos, as vítimas são sujeitas às táticas de retaliação dos líderes abusivos: ataques ao seu caráter, relacionamentos rompidos, disputas legais, contra-acusações de calúnia, entre outros.

Infelizmente, a maioria das igrejas passa mais tempo se importando com o pastor abusivo do que com as vítimas. Em muitos casos de abuso, os conselhos e presbitérios passaram tempo considerável em encontros, aconselhamentos e no pastoreio do líder abusivo, enquanto tiveram envolvimento mínimo no cuidado das vítimas.

As igrejas precisam, em vez disso, ser proativas no apoio espiritual às vítimas, ajudando-as a passar por essa situação. Mais útil seria um conselheiro cristão externo — de preferência, experiente em casos de abuso — que possa fornecer direcionamento e consolo espiritual para aqueles que estão em sofrimento. Algumas igrejas podem resistir a essa ação, por pensarem que aconselhamento de outros pastores e presbíteros da igreja é do que as vítimas precisam. Mas existem preocupações com essa abordagem;

por exemplo, de que esses outros pastores e presbíteros sejam amigos do acusado, o que faz as vítimas questionarem a lealdade e a confiabilidade deles. Isso não significa que os presbíteros devam ser removidos do processo ou impedidos de cuidar das vítimas, mas que as igrejas têm de reconhecer que um conselheiro cristão externo é um passo importante no pastoreio.

Resumo. O cuidado daqueles que expõem o abuso tem muitas partes, portanto permita-me tentar resumir ao apresentar um exemplo hipotético. Imagine uma mulher que atua como diretora do ministério de misericórdia de uma igreja e trabalha com o pastor sênior, reportando-se a ele. Após anos de tratamento dominador e opressivo do pastor, a mulher enfim decide reportar esse comportamento. Ela se apresenta ao comitê de prestação de contas para relatar sua história. Esse comitê é formado por homens e mulheres que são treinados (ainda que de maneira ampla) em como identificar comportamento abusivo e que apresentam uma conduta de empatia e abertura a essas alegações. Ao receber a queixa, eles podem adotar estes passos:

- Informar o conselho e o pastor de que uma queixa foi apresentada contra o pastor e de que o comitê está investigando.
- Assegurar a mulher de que a igreja a ama, de que suas preocupações serão levadas a sério e de que ela será protegida de qualquer represália.
- Recorrer a um conselheiro cristão externo, de preferência com treinamento para casos de abuso, para ajudar a mulher a passar pela cura e recuperação espiritual de que ela talvez precise.
- Oferecer direcionamento processual e legal à mulher ao garantir que um conselho externo independente

informe a mulher de suas opções na corte eclesiástica; por exemplo, como processos judiciais eclesiásticos funcionam, como registrar acusações e em que um julgamento pode implicar.

- Se a vítima, ou vítimas, estiver de acordo, contratar uma organização externa para fazer uma investigação minuciosa das acusações de abuso.
- Fazer recomendações finais ao conselho administrativo, que terá a decisão final no que deve ser feito. Em algumas igrejas, talvez haja uma instância superior de liderança (por exemplo, presbitério, bispos) a que o conselho local pode recorrer para obter ajuda e direcionamento.

Tenha em mente que esse processo é apenas uma recomendação; talvez não se adeque exatamente à estrutura de liderança de qualquer denominação. Existem, sem dúvida, outras formas de proteger as vítimas e de responsabilizar os líderes abusivos. E nenhum sistema é perfeito. Ainda que os passos sugeridos sejam seguidos, o conselho ainda pode se recusar a responsabilizar o pastor abusivo, apesar das recomendações do comitê de prestação de contas. Contudo — e este é o ponto importante —, as igrejas precisam, pelo menos, ter um *plano* para lidar com as acusações de abuso quando estas surgirem. E o processo sugerido é um desses planos.

CONCLUSÃO

Todos os capítulos anteriores nos trouxeram até aqui. Se o abuso espiritual é um problema real na igreja hoje (e ele é), se esse abuso é contrário à Escritura e um fator que desqualifica para o ministério pastoral (e ele é), se líderes e igrejas abusivos muitas vezes fazem tentativas de retaliação contra as vítimas com táticas cruéis e agressivas (e eles fazem), e se essas táticas são devastadoras na vida da vítima (e elas são), existe somente uma conclusão: as igrejas precisam *fazer algo* para proteger suas ovelhas.

Não basta estar ciente. Não basta se importar. As igrejas têm de agir. E este capítulo apresentou três categorias críticas pelas quais as igrejas podem agir. *Prevenção*: as igrejas têm de fazer o melhor para eliminar candidatos abusivos desde o início ao criar uma visão para o ministério pastoral que seja radicalmente bíblica e, assim, não atrair líderes com tendências abusivas. *Responsabilização*: muitas igrejas têm uma cultura de sigilo, autoproteção e gerenciamento de imagem, fatores que proporcionam um ambiente ideal para o abuso espiritual. Por isso, as igrejas devem criar uma cultura aberta, transparente e que providencie verdadeira responsabilização para sua liderança. E, por fim, *proteção*: as igrejas precisam ter um plano claro e bem elaborado de como lidar com as queixas de abuso e cuidar e proteger as vítimas no processo.

EPÍLOGO

UMA ÚLTIMA PALAVRA PARA OS LÍDERES CRISTÃOS

O medo da perda é um caminho para o lado sombrio.

—YODA

A esta altura, espero que esteja claro o que tentei fazer neste livro. Escrevi um livro para líderes cristãos sobre (dentre todos os assuntos possíveis) maus líderes cristãos, isto é, pastores que são valentões abusivos e maltratam suas ovelhas, em contradição a tudo que Deus os chamou a fazer nas Escrituras. Nós toleramos esse comportamento por muito tempo e temos um enorme rastro de vidas quebradas e igrejas destruídas para provar. Meu objetivo foi mostrar que a questão do abuso espiritual é real, dar definições e ferramentas diagnósticas adequadas para defini-lo e motivar igrejas e líderes cristãos a darem os passos necessários para impedir o abuso.

No entanto, existe uma última coisa que eu quero fazer. Oro para que este livro não seja útil somente para parar líderes abusivos, mas também para impedir que *se tornem* líderes abusivos.

Os pastores, na maioria, não começam o ministério planejando ser tiranos dominadores e opressivos. Às vezes, eles se veem, com o tempo, se transformando nesse tipo de pessoa, e alguns nem sequer percebem. Essas mudanças costumam ser causadas pelo cansaço e desgaste do ministério, bem como por compromissos filosóficos problemáticos que nem sequer sabem que têm.

É nesse ponto que você, o leitor, entra em ação. Talvez você seja algum tipo de líder na igreja. Pode ser que seja um pastor ou presbítero. Se não, provavelmente ainda tenha envolvimento ativo no ministério. E, sem dúvida, tem alguma influência na sua igreja ou organização cristã. Neste epílogo, quero desafiar alguns dos compromissos filosóficos que possam estar em sua mente, os quais, se negligenciados, podem levá-lo por um caminho preocupante.

CUIDADO COM A SÍNDROME DE "MINHA IGREJA É A MELHOR DE TODAS"

Certo, vamos falar de uma vez. A maioria dos pastores acredita que *sua* igreja é diferente. Ela resolveu todas aquelas fraquezas incômodas encontradas em *outras* igrejas. Sua igreja não é infrutífera; ela planta outras igrejas. Não está perdida em sua doutrina, mas é uma igreja (finalmente!) sã do ponto de vista teológico. Não é antiquada ou datada, mas está em contato com a cultura e a comunidade. Ou o oposto: não está refém da cultura, mas permanece fiel ao passado. Não prega *daquela* forma; prega *desta* forma. E assim por diante. Em geral, temos a tendência de pensar que ninguém conduz uma igreja tão bem quanto nós.

É possível que isso soe um tanto quanto bruto (e talvez até um pouco injusto). Você pode insistir em que não pensa dessa forma, pois tem uma visão lúcida, sensata e realista de seu ministério. Isso pode ser verdade. E, se for, seria muito encorajador.

Contudo, após quase trinta anos de ministério — e muitos desses anos treinando outros ministros —, posso dizer que análises verdadeiramente humildes do próprio ministério são raras. Grande parte dos pastores tem a tendência de crer (ainda que não digam isso) que existe algo único, especial e sem precedentes no que fazem.

Não me entenda mal. Não quero dizer que todas as igrejas são iguais. Algumas são bem mais saudáveis do que as outras. E Deus opera por intermédio de algumas igrejas de modos especiais, enquanto outras podem estar mortas, sem vida. Todavia, a síndrome de "minha igreja é a melhor de todas" pode ser um caminho para o abuso se não tomarmos cuidado. O pastor orgulhoso começa a pensar que de fato é diferente das outras pessoas. Talvez ele não tenha de seguir as regras que os outros têm de seguir. E, se qualquer um questioná-lo ou desafiá-lo, ele se sentirá livre — na verdade, se sentirá *obrigado* — a destruir qualquer insubordinação. Como ousam criticar alguém que Deus claramente abençoou?

Pastores que acreditam que seu ministério é um indispensável e insubstituível farol em uma colina também costumam ser defensivos se alguém ameaça impedir ou atrasar seu trabalho. Podem pensar: "Não posso permitir que essa gente do contra pare uma obra do Espírito Santo." Assim, dizem a si mesmos que devem silenciar a oposição o mais rápido possível, para a glória de Deus, é claro.

Então, se você é um líder cristão à beira da síndrome de "minha igreja é a melhor de todas", respire fundo. A igreja de Deus existe há milhares de anos e continuará bem. O cristianismo também continuará bem se, por algum motivo, sua igreja tiver apenas cinquenta membros em vez de crescer para quinhentos, ou se encolher de cinco mil para cinquenta.

NÃO, UM PEQUENO CONFLITO OU QUEIXA NÃO AFUNDARÁ SUA IGREJA

Uma coisa que aprendi em minha pesquisa para este livro, e que eu meio que já sabia, é que pastores podem ser um bando inquieto. Eles se preocupam com muitas coisas, como orçamentos, frequência de membros e a visão geral da igreja. Mas existe uma apreensão que parece assombrar certos pastores: de que *alguém falará algo negativo a respeito deles, o que, por sua vez, levará à divisão e afundará todo o ministério.*

Com certeza, o problema de murmurar e reclamar de uma congregação não deve ser considerado irrelevante. E, se negligenciado, pode evoluir para um golpe que causa divisão na igreja e a deposição da liderança. No entanto, alguns pastores têm por hábito exagerar o menor dos conflitos ou queixas na igreja, pensando que uma pequena dissensão entre os membros provocará uma revolta. Alguns pastores estão tão preocupados com o que é dito a seu respeito que podem desenvolver paranoia narcisista.[1]

Por que essa atitude é relevante para o abuso? Porque os pastores sentem a necessidade de acabar com a suposta rebelião antes de que saia do controle. Eles tendem a exagerar o perigo, incitando medo de "calúnia" e "fofoca", reprimindo qualquer um

---

[1] David Johnson e Jeff VanVonderen, *The Subtle Power of Spiritual Abuse: Recognizing and Escaping Spiritual Manipulation and False Spiritual Authority within the Church* (Mineápolis: Bethany House, 1991), p. 75-76.

que pareça passar dos limites. Eles criam uma cultura de silêncio na qual a liderança da igreja jamais pode ser questionada ou desafiada (sob a justificativa de proteger a paz e a pureza da igreja).

Entretanto, essa suposta tentativa de proteger a paz e a pureza da igreja pode, em alguns momentos, transformar a igreja em uma entidade no modelo Gestapo, no qual as pessoas são vigiadas, rastreadas e monitoradas em busca de qualquer declaração rebelde. E, se alguém é pego quebrando as regras, pode ser perseguido e acusado. Nem é preciso dizer que isso não tem nada a ver com paz. De forma irônica, então, o fator responsável por afundar a igreja pode não ser as críticas da congregação, mas as táticas defensivas e opressoras usadas para refutar essas críticas.

Portanto, se você é um líder que se perturba com as críticas e vê toda resistência como um motivo para decretar estado de alerta, talvez deva repensar se tem a disposição para atuar no ministério pastoral. A vida eclesiástica é cheia de reclamações e críticas, não tem como fugir delas.

Do contrário, pode ser válido promover uma cultura que admita questionamentos, permita críticas e dê liberdade e abertura para que as pessoas apresentem suas queixas sem retaliação. Se você receber esse retorno com humildade, com um agradecimento e um sorriso (ainda que o retorno esteja equivocado), descobrirá que a abertura é o que constrói a paz e a pureza da igreja.

E, quem sabe, algumas das críticas podem estar certas.

VOCÊ E OS PRESBÍTEROS PRECISAM DE MAIS AJUDA DO QUE IMAGINAM

Falar sobre as críticas e concordâncias da congregação nos leva a outro comprometimento filosófico que, se não receber atenção, pode levar alguém a se tornar um pastor opressivo: a ideia de que a liderança de alto escalão da igreja — sobretudo o pastor sênior, mas também os presbíteros — não precisa de qualquer ajuda ou retorno dos membros para fazer seu trabalho.

Afinal, como alguns pensam, o pastor e os presbíteros são os líderes designados por Deus, a quem ele concedeu poder e autoridade para liderar a igreja. Portanto, são autossuficientes, em si e por si próprios, para tomar qualquer decisão ou resolver qualquer problema. Esses líderes não precisam de conselhos ou ajuda daqueles a quem lideram.

Essa atitude não somente reflete notável arrogância, o que é preocupante por si só, como também demonstra uma visão *hierárquica* para a forma pela qual a igreja deve funcionar. Em essência, é: "Nós somos os chefes; você é o servo." "Nós somos os líderes; você é o liderado." "Nós dizemos o que você deve fazer. Não pense que pode nos dizer o que fazer."

O modo com que Jesus repreendeu essa visão hierárquica da liderança é, muitas vezes, esquecido por completo: "[...] aqueles que são considerados governantes das nações as dominam [...]. Não será assim entre vocês. Ao contrário, quem quiser tornar-se importante entre vocês deverá ser servo, e quem quiser ser o primeiro deverá ser servo de todos" (Marcos 10:43-44).

Reforço que não estou negando o papel da liderança da igreja. E não estou sugerindo que não exista autoridade na igreja que exija que os membros se submetam aos líderes (Hebreus 13:17). Mas essa autoridade não pode ser empregada de forma contrária à imagem de liderança que Jesus nos deu.

Como uma alternativa, e se líderes cristãos reconhecessem com humildade que não têm todas as respostas? E se admitissem que não entendem a perspectiva e a situação de cada membro, ou grupo, ou público e quisessem aprender mais? E se concordassem que há muito mais a ouvir da congregação a respeito do que a igreja deve fazer e ser?

Se *essa* fosse a atitude da liderança da igreja, você teria uma cultura eclesiástica que se opõe diretamente ao abuso. Teria uma cultura que promove paz e unidade.

SE NUNCA ESTÁ BOM O SUFICIENTE, TALVEZ VOCÊ SEJA O PROBLEMA

A igreja, embora seja a bela noiva de Cristo, também é uma organização quebrada, ineficaz e desajustada. Às vezes, o culto não começa na hora certa, ou pessoal da administração se esquece de chamar o técnico do ar-condicionado antes do calor do verão, ou a escola bíblica de férias não tem voluntários suficientes, ou a equipe de som deixa o microfone do pastor desconfigurado.

Qualquer líder pastoral desejará abordar essas questões com a equipe. Mas, para alguns líderes, parece que nada nunca está bom o bastante. Os funcionários fazem horas extras, os obreiros se esgotam às custas da própria família e os líderes de ministérios assumem compromissos em excesso. Ainda assim, o pastor nunca está satisfeito.

Em virtude disso, toda a cultura da igreja pode se desenvolver em torno de "agradar ao pastor Bob". A equipe de trabalho e até os membros da igreja se sentem sobrecarregados e atarefados, sempre pisando em ovos para que não sofram mais críticas do pastor a respeito de como as coisas não estavam suficientemente boas ou não foram feitas rápido o bastante.

Dessa forma, a cultura de algumas igrejas pode se tornar muito legalista. Não se trata de uma afirmação explícita de que as pessoas são salvas por suas boas obras (a maioria dos pastores sabe que não é assim). Mas um espírito orientado por obras gira em torno do líder sênior como se fosse uma meritocracia. Muita lei, pouca graça, e todos fazem malabarismos para satisfazê-lo. Como Jesus disse a respeito dos fariseus, "Eles atam fardos pesados e os colocam sobre os ombros dos homens, mas eles mesmos não estão dispostos a levantar um só dedo para movê-los" (Mateus 23:4).

Por que os pastores se comportam desse modo? Às vezes, porque, *quando a igreja parece boa, eles parecem bons.* E, para líderes abusivos, tudo se resume à boa aparência. Eles são como pais que reprovam tudo que o filho faz, não por amor, mas porque filhos comportados os fazem parecer bons para outras pessoas. Outra vez, Jesus disse o mesmo a respeito dos fariseus: "Tudo que fazem é para serem vistos pelos homens" (Mateus 23:5a). Eles gostavam dos palcos. Pode-se até dizer que os fariseus foram os primeiros pastores-celebridades.

Conforme você lê sobre a necessidade de aparentar ser bom, talvez se lembre de um pastor que conhece. Justo. Mas a questão aqui é se isso descreve quem *você* é. Sua equipe e os membros da sua igreja o descreveriam dessa forma? Se sim, essa abordagem de que nunca está bom o suficiente, se ignorada, pode ser um caminho para se tornar um pastor abusivo.

Reitero que o modelo de Jesus para a liderança é o oposto de abusiva. Ele não coloca jugos pesados sobre os ombros de seu povo. Pelo contrário, nos convida a descansar: "Venham a mim todos os que estão cansados e sobrecarregados, e eu darei descanso a vocês. [...] Pois o meu jugo é suave, e o meu fardo é leve" (Mateus 11:28,30).

A MAIORIA DAS PESSOAS PRECISA DE UM TAPINHA NAS COSTAS, NÃO DE UM EMPURRÃO

Enquanto alguns pastores têm aptidão para encontrar o melhor das pessoas, outros sempre acham o *pior* delas. Certa vez, um pastor me disse que a essência da sua filosofia ministerial era *confrontar o pecado das pessoas*. Fiquei espantado e entristecido. Aparentemente, esse pastor pensou que seu principal encargo era sair por aí à procura dos pecados dos outros para confrontá-los a respeito deles. É lógico, ele tinha o que parecia uma justificativa piedosa para essa abordagem: Deus odeia o pecado e deseja que nos afastemos dele. Assim, ele pensava que estava fazendo um favor. Todos deveriam agradecer-lhe por sempre apontar seus pecados!

É verdade que Deus odeia o pecado e deseja que nos afastemos dele. Também é verdade que há momentos em que os pastores precisam confrontar o pecado das pessoas. Esse, porém, não é o principal chamado de um pastor. O trabalho de um pastor é cuidar das ovelhas, e isso envolve alimentá-las, protegê-las, encorajá-las, cuidar de suas feridas e, sim, corrigi-las quando necessário. Mas qualquer um que faça da correção e disciplina os aspectos principais está no caminho para se tornar um pastor abusivo.

Essa abordagem equivocada do ministério pastoral tem resultados previsíveis. Primeiro, cria uma cultura de detecção de falhas na qual o pastor e seus apoiadores estão em uma missão para descobrir os padrões pecaminosos de todos. Em vez de pensar o melhor a respeito dos outros — "[O amor] tudo espera" (1Coríntios 13:7) —, o pastor tem uma atitude de suspeita e julgamento. Membros da igreja que estão sob uma liderança opressiva se sentem vigiados, violados e criticados. Eles vivem com medo de cometer um erro ou sair da linha.

Além disso, um ministério voltado para a detecção de falhas nos outros pode, e muitas vezes o faz, perverter o caráter daquele que busca erros no próximo. Esses pastores tendem a ser orgulhosos e condescendentes; afinal, o tempo dele é gasto olhando as falhas de outras pessoas, não as deles próprios. Aliás, pode conduzir um pastor a uma liderança opressora das ovelhas. Uma vez que "descobre" os pecados delas, ele tem de confrontá-las com relação a seus pecados. Então, a depender de como elas recebem a repreensão, o pastor precisa discipliná-las. Em pouco tempo, toda a cultura da igreja se torna uma de acusação e condenação.

Mais uma vez, não é tão diferente de pais abusivos. Imagine um pai que pensa que sua principal tarefa não é prover, proteger, encorajar, ensinar e amar seu filho, e sim corrigir seus erros constantemente. A maior parte de sua atenção é dedicada a descobrir tudo o que há de errado com seu filho de 13 anos, e isso poderia muito bem ser um emprego de tempo integral se ele quisesse. Então, ele tem de entender como disciplinar seus filhos quando descobre suas falhas. Antes de que se dê conta, o pai criou um ambiente opressivo e amedrontador em sua casa.

Com certeza, em certos períodos, um pastor precisa corrigir seu rebanho. Entretanto, é mais provável que o seu rebanho precise muito mais de um tapinha nas costas cheio de compaixão do que de um empurrão repentino. As pessoas na igreja estão em sofrimento e desencorajadas, e precisam que alguém caminhe ao lado delas. Em Salmos 23, o consagrado salmo sobre Deus como nosso Pastor, o foco está na provisão, proteção e no conforto. Em vez de um ministério de detecção de falhas, que pode levar ao abuso, devemos buscar desenvolver um ministério de encorajamento e cuidado, em busca do melhor nos outros, não do pior.

Com relação a isso, temos de prestar atenção no conselho do puritano Thomas Watson: "Um cristão humilde estuda suas próprias enfermidades e as excelências do próximo."[2] Ou, segundo Matt Smethurst, "Se você pretende observar os outros, torne-se um especialista nas evidências da graça que encontra na vida deles".[3]

SUA CONSCIÊNCIA DE SI PODE NÃO SER TÃO EXATA QUANTO VOCÊ PENSA

Em casos de abuso espiritual, é procedimento padrão questionar se as vítimas veem a situação com clareza. Talvez estejam apenas imaginando problemas que não existem de fato. É possível que o radar delas para questões relacionais e interpessoais não esteja calibrado da maneira correta. Pode ser que estejam sensíveis demais.

Ainda assim, questionamentos semelhantes quase nunca são feitos a respeito do pastor abusivo. Raramente a autoconsciência do pastor é questionada. Poucos parecem tão prontos para levantar dúvidas sobre a inteligência relacional dele e se seu radar está calibrado de modo adequado. As pessoas são menos propensas a questionar se o pastor vê os relacionamentos com clareza.

Contudo, essa abordagem desequilibrada é um tanto quanto impressionante se você parar um momento para pensar nela. Os seres humanos — pastores incluídos — não são todos

---

[2] Thomas Watson, *The Godly Man's Picture Drawn with a Scripture Pencil, or, Some Characteristic Marks of a Man Who Is Going to Heaven* (Carlisle, PA: Banner of Truth, 1992), p. 79.

[3] Matt Smethurst, "Hard to Offend, Easy to Please: How Love Hopes All Things", *Desiring God*, 30 de junho de 2021, https://www.desiringgod.org/articles/hard-to-offend-easy-to-please.

criaturas caídas e suscetíveis ao erro que nem sempre veem as situações com clareza? Não é verdade também que seres humanos, em geral, nem sempre têm percepção exata de si mesmos? Além do mais, parece que pastores não são necessariamente o grupo com maior percepção relacional. Eles muitas vezes não percebem como soam, como as pessoas os compreendem e quanto impacto (para o bem ou para o mal) suas palavras têm. E, se esse pastor for um narcisista, convencido da própria grandeza, esse problema é exacerbado.

Então, aqui estão alguns questionamentos para você. Quando alguém o procura e diz que suas palavras ou ações o feriram, como você reage? A sua suposição padrão é de que essa pessoa não o compreendeu ou interpretou mal a situação? Ou existe um momento em que você humildemente questiona se pode ser o problema, ainda que não veja dessa forma? Há algum ponto em que você pergunta, junto dos discípulos de Jesus, "Por acaso seria eu, Senhor?" (Mateus 26:22b, NAA).

Essa autorreflexão seria particularmente adequada se você tem um rastro de relacionamentos rompidos e ovelhas feridas. Existe um "campo de escombros" de vidas destroçadas por onde você passa? Você o explica ao dizer a você mesmo que é apenas um mártir perseguido por "dizer a verdade" com fidelidade? Ou talvez diga a você mesmo que o campo de escombros relacional é normal, pois bons líderes sempre estão sob ataque e têm de se defender. Ou talvez tenha atribuído tudo isso à atividade demoníaca — é Satanás tentando impedir seu ministério. A questão é: Você se convenceu de que todos esses conflitos são culpa de todas as outras pessoas, embora você seja o denominador comum? Se fizer as contas, isso é bem improvável.

É impressionante no que as pessoas acreditam, não importa quão incrível, a fim de convencerem a si mesmas de que são os mocinhos.

Isso me lembra da história de Eustáquio em *As Crônicas de Nárnia: A Viagem do Peregrino da Alvorada*, de C. S. Lewis. Após cair no sono sobre o tesouro do dragão, Eustáquio acorda como um dragão. Ele é um monstro assustador e nem sequer se dá conta disso. Quando vê duas finas colunas de fumaça subindo, não percebe que elas estão saindo de suas próprias narinas de dragão.

Quando descobre que é um dragão, começa uma pequena autorreflexão. Embora estivesse culpando todo mundo no navio por todos os seus problemas, ele começa a perceber que "os outros não eram tão maus como imaginara".[4] Além disso, e aqui é quando Lewis mostra a moral da história, Eustáquio "começou a pensar se ele próprio teria sido realmente aquela excelente pessoa que sempre julgara ser".[5] Em outras palavras, ele percebe que não tinha apenas se tornado um dragão; *sempre* foi um dragão. Ele não era o cara legal que pensava ser.

Muitos líderes abusivos são como Eustáquio. Eles pensam que são ótimas pessoas e que todo o resto é o problema. Eles amedrontam e assustam pessoas, mas não entendem o porquê. São um dragão, porém nem sequer sabem.

Se você está na liderança, peça ao Senhor que lhe dê a humildade para admitir que você talvez não veja a você mesmo como realmente é. Esteja disposto a olhar bem para você mesmo para

---

4 C. S. Lewis, *The Voyage of the Dawn Treader* (Nova York: Harper Collins, 1952), p. 92 [*A Viagem do Peregrino da Alvorada* (Rio de Janeiro: Harper Collins Brasil, 2023)].

5 Lewis, *Voyage of the Dawn Treader*, p. 92.

ver se, como Eustáquio, tem colunas de fumaça saindo de suas narinas. Se tiver, volte-se para Aslan e peça a ele que faça o que somente ele pode: fazê-lo inteiro outra vez.

CONCLUSÃO

Este epílogo está focado em você, o leitor. Não estou interessado somente em que você impeça pastores abusivos, mas também que não se torne um pastor ou líder opressor. Portanto, apresentei algumas filosofias e abordagens problemáticas que podem definir um ministério e mostrei como elas podem levar a tendências abusivas se o indivíduo não tomar cuidado.

Quando você olha para os erros mencionados, percebe que eles são unidos por um elo comum: *medo*.

Pastores que pensam que a igreja deles é a melhor têm medo de perdê-la. Pastores que se preocupam com qualquer queixa ou discordância têm medo da divisão. Pastores instituem uma liderança hierárquica porque têm medo de que sua autoridade seja desrespeitada. Pastores são difíceis de agradar e impõem jugos pesados sobre sua equipe, pois têm medo da má reputação. Pastores se tornam detectores de falhas, opressivos por medo de ter uma congregação malcomportada que prejudique sua imagem. Por fim, pastores insistem em que veem a si mesmos com exatidão e que todos os outros são culpados porque têm medo de descobrirem que podem não ser o cara legal que pensavam ser.

Qual é o problema com todo esse medo? Yoda explica bem: "O medo da perda é um caminho para o lado sombrio."[6] É trágico o que as pessoas podem fazer e em quem podem se tornar para evitar perdas, para evitar perder a igreja que construíram.

6 Conforme citado em *Star Wars: A vingança dos Sith* (2005).

Na verdade, se necessário, os pastores se tornarão tiranos opressivos para com aqueles a quem deveriam amar e proteger.

Joel Brown, um dos pastores na igreja Mars Hill, explica como esse medo provocou o comportamento abusivo de Mark Driscoll:

> “Sempre existiu essa suposição de que Mark tinha pessoas que estavam tentando tomar seu poder; as pessoas estavam tentando tomar a igreja dele [...]. Havia esse desejo constante de proteger seu poder e garantir que ele mantivesse o controle.[7]

Esse medo de perda é idólatra. É colocar outra coisa — neste caso, nossa própria glória, poder e sucesso — acima do bem das ovelhas de Deus e acima da glória e honra do próprio Deus.

Jesus sabia que isso seria um problema. Ele sabia que o maior obstáculo para um ministério saudável seria o medo da perda, medo do sofrimento. Então, ele enfrentou esse problema. Sua solução é o ponto de todo este livro: “[...] Se alguém quiser vir após mim, negue-se a si mesmo, tome a sua cruz e siga-me. Pois quem quiser salvar a sua vida a perderá, mas quem perder a própria vida por minha causa e pelo evangelho a salvará” (Marcos 8:34-35).

A resposta para o pastor abusivo esteve ali o tempo todo. É a cruz de Cristo. Lá, à mostra para todo o mundo, estava um pastor que não salvou a própria vida, mas a entregou voluntariamente em favor de outros.

E qualquer um chamado ao ministério pastoral deve agir da mesma forma.

---

7 Mike Cosper, “You Read the Bible, Ringo?”, 7 de julho de 2021, *The Rise and Fall of Mars Hill*, produzido por *Christianity Today*, *podcast*, 40:00, https://www.christianitytoday.com/ct/podcasts/rise-and-fall-of-mars-hill/rise-fall-mars-hill-podcast-bible-ringo.html.

Este livro foi impresso pela Lisgrafica, em 2025, para a Thomas Nelson Brasil.
O papel do miolo é Pólen Natural 80g/m² e o da capa é Cartão 250g/m².